汽车维修职业技能培训教程

汽车发动机机械基础

主　编：陈满秀　杨玲玲

副主编：谭克诚　罗　建　阳　亮　苏宇锋　王海文

参　编：许明疆　蓝芳芳　甘慧萍　陈丽霞

机 械 工 业 出 版 社

《汽车发动机机械基础》根据高等职业院校的教学实际，结合汽车领域的职业要求，以夯实学生的专业基础，提高可持续发展能力为目标，对教学内容进行了整合，将《工程力学》《金属材料及热处理》《汽车运行材料》《发动机基础》等课程整合为一体，删减了部分理论推导和设计计算内容，突出高等职业教育课程的实用特色，适应汽车类专业技能人才的培养要求。

本书共分七章，采用理实一体化的编写模式，主要内容包括零件受力分析、汽车材料、发动机基础知识、发动机系统组成与保养、实训指导、实训操作认证样题和练习测试题，较全面地阐述了与汽车发动机相关的机械知识和实用技能。

本书可作为高等职业院校、高等专科院校、成人高校、民办高校和本科院校二级职业技术学院汽车检测与维修技术及相关专业的教学用书，也可作为汽车维修技术人员及相关从业人员的业务参考书及培训用书。

图书在版编目（CIP）数据

汽车发动机机械基础/陈满秀，杨玲玲主编. —北京：机械工业出版社，2018.6（2025.8 重印）

汽车维修职业技能培训教程

ISBN 978-7-111-59915-9

Ⅰ.①汽… Ⅱ.①陈…②杨… Ⅲ.①汽车－发动机－机械系统－高等职业教育－教材 Ⅳ.①U464

中国版本图书馆 CIP 数据核字（2018）第 097658 号

机械工业出版社（北京市百万庄大街 22 号 邮政编码 100037）

策划编辑：连景岩 孟 阳 责任编辑：孟 阳

责任校对：王 欣 封面设计：马精明

责任印制：李 昂

涿州市般润文化传播有限公司印刷

2025 年 8 月第 1 版第 2 次印刷

184mm×260mm·9.25 印张·222 千字

标准书号：ISBN 978-7-111-59915-9

定价：30.00 元

凡购本书，如有缺页、倒页、脱页，由本社发行部调换

电话服务　　　　　　　　　　　网络服务

服务咨询热线：010-88379833　　机工官网：www.cmpbook.com

读者购书热线：010-88379649　　机工官博：weibo.com/cmp1952

　　　　　　　　　　　　　　　　教育服务网：www.cmpedu.com

封面无防伪标均为盗版　　　　金书网：www.golden-book.com

Preface

前 言

随着中国汽车工业的快速发展，汽车技术日新月异，新结构、新系统、新装置在汽车上的应用不断增多。这就要求职业院校不断培养能够适应汽车技术发展的汽车运用与维修人才。本套书基于汽车维修技师应掌握的现代汽车发动机、底盘和电气系统的检测与诊断知识及相关技能编写。

本套书的编写结合了汽车4S店的技术服务实践，具有较强的针对性，较好地贯彻了素质教育的思想，力求体现以人为本的理念，从行业岗位群的知识和技能要求出发，结合对学生创新能力、职业道德方面的要求。

本套书针对相关教学方法和手段进行了改革，融"教－学－做"为一体，将课堂与实训室融合，力求提高学生的职业技能，同时提升教学质量。

本套书配有课程PPT、实训指导（含任务工单）、实训操作认证样题和课后练习题电子文档，这对提高学生的综合能力与素质有很大帮助。本套书具有如下特点：

1. 理论与实践一体化：本书将理论学习与实践学习融为一体，有利于提高学生的实际操作能力。

2. 引导学生主动学习：学生根据自己的实际操作项目填写实训指导任务工单，并进行数据处理与分析，把理论知识应用到实践中，将理论知识转化为实用技能。

参加本书编写的人员分工如下：陈满秀编写第二章和第三章；杨玲玲编写第四章；谭克诚、罗建和阳亮编写第一章；苏宇锋、王海文和许明疆编写第五章；蓝芳芳、甘慧萍和陈丽霞编写第六章和第七章。本套书的编写工作得到了上汽通用五菱公司市场与网络部工作人员的悉心指导，在此表示衷心感谢。

编者在写作过程中参考了大量的资料和文献，在此向原作者表示感谢。

由于编者水平有限，书中难免有疏漏之处，恳请读者批评指正。

编　者

Contents

目 录

安全注意事项

汽车维护作业注意事项

1）佩戴安全防护眼镜以保护眼睛。

2）在被举升的车辆下作业时，应使用安全支架。

3）确保点火开关始终处于 OFF 位，除非另有要求。

4）在车内工作时，应施加驻车制动。如果是自动变速器车型，则应将变速杆置于 P（驻车）位，除非要求置于其他档位。如果是手动变速器车型，则应将变速杆置于倒档（发动机熄火时）或空档（发动机运转时），除非要求置于其他档位。

5）在进行与发动机相关的作业时，必须使用尾气抽排设备，以防一氧化碳中毒。

6）在发动机运转时，身体及随身衣物应远离转动部件，尤其是散热风扇和传动带。

7）为防止严重烫伤，应避免接触高温金属部件，例如散热器、排气歧管、三元催化转化器和消声器。

8）维护作业现场不得吸烟。

9）为避免受伤，开始作业前应摘掉戒指、手表和项链，不要穿宽松的衣服，长头发应挽起固定于脑后。

10）不得接触散热风扇叶片，因为散热风扇随时会因发动机温度升高而转动。确保散热风扇的电源完全断开后，才能在其附近作业。

特别警告

1）许多制动摩擦片都含有石棉纤维，吸入石棉粉尘可能导致癌症，因此在对制动器进行维修时，应避免吸入粉尘。

2）用压缩空气或干刷方式清洁车辆时，从行车制动器和离合器总成处扬起的粉尘或污垢可能含有有害健康的石棉纤维。

3）行车制动器总成和离合器面应使用石棉纤维专用吸尘器进行清洁。粉尘和污垢应使用可防止粉尘暴扬的方法处置，例如使用密封袋。密封袋必须标有国家职业安全和卫生部门的使用说明，并将袋中所装物质告知垃圾承运人。

4）如果没有用于盛装石棉纤维的真空袋，则清洁工作必须在水湿状态下进行。如果仍然会产生粉尘，则作业人员应佩戴经国家认证的有毒粉尘过滤净化功能的口罩。

第一章　汽车零件受力分析

第一节　力学基础知识

一、力学基本概念

1. 力

力是物体间相互的机械作用。力是改变物体运动状态或使物体产生变形的原因，其作用效应分为运动效应和变形效应，运动效应也称力的外效应，变形效应也称力的内效应。研究外效应时通常将物体简化为一个刚体。刚体指在力的作用下不变形的物体，它是一种力学模型。

力的作用效应取决于力的大小、方向和作用点，即力的三要素。因此，可以用带箭头的线段表示力的大小和方向，线段的头或尾代表作用点。力具有方向，因此力是矢量，具有矢量的特性。国际单位制中，力的单位为牛［顿］，符号为 N。

2. 力系

力系指作用于同一物体的多个力。各力的作用线在同一平面内的力系称为平面力系，不在同一平面内的力系称为空间力系。

如果作用于物体上的力系可用另一力系来代替且效果相同，则称这两个力系为等效力系。如果物体在某一力系作用下保持运动状态不变，则称此力系为平衡力系。

3. 力矩和力偶

（1）力矩

力对刚体的效应包括移动效应和转动效应，而力矩是物体在力的作用下产生转动效应的度量。如图 1-1 所示，用扳手拧螺母时，力对螺母的转动效应不仅与力的大小有关，还与力至转动中心 O（矩心）的垂直距离 d（力臂）有关。用力的大小 F 与力臂 d 的乘积及其转动方向来度量力的转动效应，称为力对矩心 O 之矩，简称力矩，记为 $M_0(F)$，即

$$M_0(F) = \pm Fd \tag{1-1}$$

式（1-1）中的正负号表示力矩在其作用面上的转向，一般规定：力使刚体绕矩心做逆时针转动时为正，反之为负。力矩的国际单位为牛·米，符号为（N·m）。

（2）力偶

力偶指作用于物体上的大小相等、方向相反、作用线平行的两个力组成的力系。如图 1-2 所示，此时驾驶人施加在转向盘上的即为一对力偶。

力偶对刚体产生的效应为纯转动，可以用力偶矩度量。力偶矩指力偶中力的大小与力偶臂的乘积。力偶臂指力偶中两个力之间的垂直距离。一般规定：使物体做逆时针转动的力偶矩为正，反之为负。

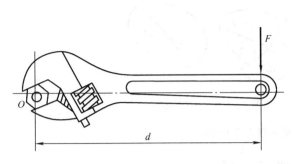

图 1-1 力对点之矩

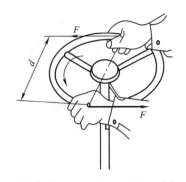

图 1-2 驾驶人操作转向盘

作用于同一平面的两个力偶，若其力偶矩相等，则这两个力偶彼此等效，即力偶的等效定理。力偶的性质如下：

1）力偶不能与一个力等效，也不能与一个力平衡。

2）力偶可以在其作用面内任意移动，而不改变它对刚体的作用效应。

3）力偶对其作用平面内任一点的矩恒等于力偶矩，与矩心位置无关。

4）只要保持力偶矩不变，就可以任意改变力偶中力的大小并相应地改变力偶臂的长短，而不影响它对刚体的作用效应。

二、平面力系

如果作用在物体上的各力的作用线在同一平面内，但不交于一点，也不相互平行，则称该力系为平面任意力系。

1. 力的平移定理

作用在刚体上某点的力，可平移到刚体上的任意一点，但必须附加一个力偶，其附加力偶矩等于原力对平移点的力矩。如图 1-3 所示，将力 F 从 A 点平行移动至 O 点，若想保持刚体状态不变，则只需增加一个力偶矩 M，其中，$M = Fd$。

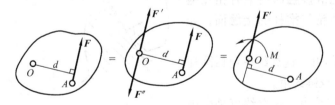

图 1-3 力的平移定理

2. 平面一般力系的合成

平面一般力系可以向平面内任意一点简化。如图 1-4a 所示，将 O 点作为该平面力系的简化中心，将力 F_1、F_2、F_n 向 O 点平行移动，得到一个平面汇交力系和一个平面力偶系（图 1-4b、c）。

3. 平面力系受力分析

（1）约束和约束反力

约束指用以限制物体某一方向运动的装置。约束反力指当非自由体有沿约束所限制方向

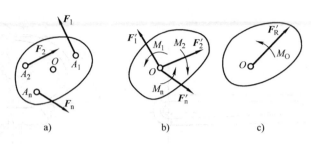

图1-4 平面一般力系的合成

运动的趋势时，约束与被约束体之间产生的相互作用力。

约束反力的特点：大小未知，方向与该约束所能阻碍的位移方向相反，作用点总是在约束与被约束物体相互接触处。

约束的类型有柔性约束、光滑接触面约束和光滑铰链约束。

1）柔性约束。常见的有绳索、传动带、传动链等，如图1-5所示。柔性约束的特点：柔体只能承受拉力，不能承受压力；只能限制物体沿柔体中心线背离柔体的运动，不能限制物体沿其他方向的运动。

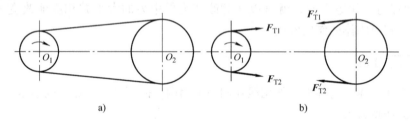

图1-5 传动链或传动带构成的柔性约束

2）光滑接触面约束。该类约束实际为"理想光滑"接触面，因为绝对光滑面是不存在的。常见的光滑接触面约束有相互啮合齿轮的齿面，凸轮与推杆的接触面，如图1-6所示。

3）光滑铰链约束。这类约束包括圆柱形铰链约束和球形铰链约束。

① 圆柱形铰链约束。这类约束是由销钉连接两带孔构件组成的。工程中常见的有中间铰链约束、固定铰链约束和活动铰

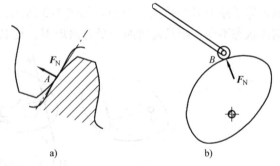

图1-6 光滑齿面和曲面约束

链约束三种形式。销钉把具有相同孔径的两物体连接起来，构成中间铰链约束，如图1-7所示。如果销钉连接的两物体中有一个固连于地面，如图1-8所示，则这类约束称为固定铰链约束。根据工程需要，把固定铰链约束用几个辊轴支撑在光滑面上，便构成了活动铰链约束，如图1-9所示。这种约束是由光滑面和铰链两种约束组合而成的一种复合约束形式，其约束反力的作用线必垂直于支撑面且过铰链中心。

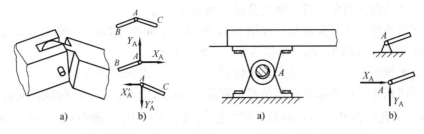

图 1-7 中间铰链约束　　　　　图 1-8 固定铰链约束

② 球形铰链约束。这是一种空间约束形式。杆端的球体放在球窝内便构成了球形铰链约束，如图 1-10 所示。球体可在球窝内任意转动，但不能沿径向移动，因此其约束反力作用于接触点且通过球心。

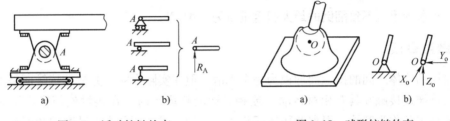

图 1-9 活动铰链约束　　　　　图 1-10 球形铰链约束

(2) 受力图

在工程实际中，为求出未知的约束反力，需要根据已知力，应用平衡条件求解。为此，首先要确定研究对象，并分析其受力情况，这一过程称为受力分析。为清晰地表示物体的受力情况，需要将其从相联系的周围物体中分离出来，被分离出来的物体称为分离体，然后在分离体上画出作用于其上的所有力（包括主动力和约束反力），这种表示物体受力情况的简明图形称为受力图。

对研究对象进行受力分析并正确画出其受力图，是解决静力学问题的一个重要步骤。下面通过例子说明受力图的画法。

一辆车载起重机，车重 $G_1 = 26kN$，起重机吊臂重 $G_2 = 4.5kN$，尺寸如图 1-11 所示，单位是 m。假设吊臂在起重机对称面内，且放在图示位置，试求起重机不致翻倒的最大起重重量 G_{max}。

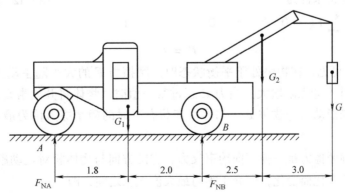

图 1-11 车载式起重机示意图

第一步，确定研究对象，进行受力分析，画出受力图。

取车载起重机整车为研究对象，如图1-11所示，车重$G_1 = 26$kN，地面约束反力为F_{NA}和F_{NB}，吊臂重$G_2 = 4.5$kN，起重重量为G，且处于平衡状态。

第二步，根据平面力任意力系平衡条件列平衡方程，求解未知力。

车载起重机前轮离地的临界状态是起重重量达到最大值的状态，此时地面对前轮的约束反力$F_{NA} = 0$，若此时以B点为矩心列平衡方程$\sum M_B(F) = 0$，方程中只有一个未知量G_{max}，可以顺利求出G_{max}的值，即

$$M_B(G_1) + M_B(G_2) + M_B(G_{max}) = 0 \tag{1-2}$$

代入数据得
$$26 \times 2 - 4.5 \times 2.5 - G_{max} \times 5.5 = 0 \tag{1-3}$$

则
$$G_{max} = \frac{26 \times 2 - 4.5 \times 2.5}{5.5}kN = 7.41kN \tag{1-4}$$

因此，车载起重机不致翻倒的最大起重重量为7.41kN。

三、摩擦自锁

前面讨论的物体之间的接触面均视为完全光滑，但在实际中完全光滑的接触面是不存在的。当两物体彼此接触并具有相对运动（或相对运动趋势）时，在接触处便产生了对运动的阻碍，这种现象称为摩擦。根据两物体间相对运动的形式，可分为滑动摩擦和滚动摩擦。

1. 滑动摩擦

当两物体接触面间具有相对滑动（或相对滑动趋势）时，在两物体接触处的切线方向便会产生相互的阻碍，这种现象称为滑动摩擦，此切向阻力称为滑动摩擦力。滑动摩擦又分为静滑动摩擦和动滑动摩擦两种。

（1）静滑动摩擦力

在粗糙的水平面上放置一重W的物块，在该物块上施加一水平向右的力P，如图1-12a所示。力P的大小由零逐渐增大而物块仍保持静止，可见支撑面对物块除作用有法向反力N外，在接触处还有一阻碍物体滑动的切向力F存在，如图1-12b所示，此力即静滑动摩擦力，简称静摩擦力。

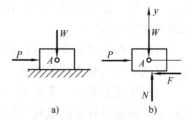

图1-12 静摩擦力

静摩擦力的平衡条件为

$$\sum F_X = 0, \quad P - F = 0 \tag{1-5}$$

得
$$P = F \tag{1-6}$$

由式（1-6）可见，在物块处于平衡状态时，摩擦力F的大小随主动力P的增大而增大。但摩擦力F并不能无限增大，当力P超过某一值时，物体将开始滑动。P增大到使物体将要滑动而又未滑动（即物体处于临界平衡状态）时的静摩擦力称为最大静摩擦力，记作F_{max}。

综上所述：静摩擦力是一种切向约束反力，它的方向与物体相对运动趋势的方向相反，其大小随主动力的变化而变化，但介于零与最大值F_{max}之间，即

$$0 \leq F \leq F_{max} \tag{1-7}$$

实验表明，最大静摩擦力的大小与接触面间的法向反力 N 成正比，即

$$F_{max} = \mu N \tag{1-8}$$

式（1-8）中的比例系数 μ 称为静滑动摩擦系数（简称静摩擦系数），它是一个无量纲的量，与相互接触物体的材料及其表面状况（粗糙度、温度和湿度等）有关。

（2）动滑动摩擦力

当两物体接触面间具有相对滑动时，沿接触面产生的切向阻力称为动滑动摩擦力（简称动摩擦力）。

实验证明，动摩擦力 F' 的大小与接触面间的法向约束反力 N 成正比，即

$$F' = \mu' N \tag{1-9}$$

式（1-9）中，μ' 为动摩擦系数，它是一个无量纲的量，其值除与接触物体的材料及其表面状况有关外，通常还随物体相对滑动速度的增大而略有减小。一般情况下，动摩擦系数略小于静摩擦系数，即 $\mu' < \mu$。

2. 滚动摩擦

当两物体间具有相对滚动（或相对滚动趋势）时，彼此将相互阻碍，这种现象称为滚动摩擦。

设重为 W，半径为 R 的轮子放在水平面上，在其轮心上作用一水平向右的力 P，如图 1-13a 所示。当 P 较小时，轮子能保持静止。分析轮子的受力情况，轮子受主动力 P、重力 W、法向约束反力 N 及静摩擦力 F 作用。W 与 N 组成一对平衡力，而 P 与静摩擦力 F 组成一对力偶。可见支撑面的反作用除作用于点 A 的力 N 与 F 外，还有某一力偶，称为滚阻力偶，它与力偶（P，F）平衡，其力偶矩用 M 表示，如图 1-13b 所示。

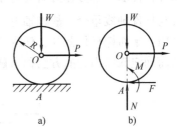

图 1-13　滚动摩擦

滚阻力偶与静摩擦力一样，有一定范围，它在零与最大值 M_{max} 之间变化，即

$$0 \leqslant M \leqslant M_{max} \tag{1-10}$$

由实验可知，滚阻力偶矩的最大值与法向反力 N 的大小成正比，即

$$M_{max} = \delta N \tag{1-11}$$

式（1-11）中的比例系数 δ 为滚动摩擦系数，由量纲齐次性条件可知，它是具有长度单位的系数。其值与接触物体的材料及表面状况（温度、湿度和硬度等）有关，应由实验测定。

第二节　杆件受力分析与变形

机械零件受力后，都会发生一定程度的变形。零件变形过大时，会丧失工作精度，产生噪声，降低使用寿命，甚至发生破坏。为保证机器安全可靠地工作，要求每一个零件在外力作用下，应具有足够抵抗变形的能力（刚度）、抵抗破坏的能力（强度）和维持原有形态平衡的能力（稳定性）。强度、刚度和稳定性决定了零件的承载能力，它们是材料力学研究的主要内容。

工程结构或机械工作时，其各部分均受到力的作用，并将力互相传递。这些作用在构件

上的力称为载荷。

按照载荷作用的特征其，可分为集中载荷和分布载荷两类。经由极小的面积（与构件本身相比）传递给构件的力，称为集中载荷。在计算时，一般认为集中载荷作用于一点。连续作用于构件某段长度或面积上的外力称为分布载荷。若分布在整个面积上的力处处相等，则称均匀分布载荷，反之则称不均匀分布载荷。

按照载荷作用的性质可分为静载荷和动载荷两类。静载荷的大小不随时间变化或很少变化。动载荷的大小随时间迅速改变。

在机械构件中，要求和允许的变形一般属于弹性变形。按照变形的特征，可分为拉伸与压缩、剪切、扭转及弯曲四种基本形式。实际构件的变形经常是由两种或两种以上基本变形组合的情况，称为组合变形。

一、轴力——轴向拉伸与压缩

1. 轴力

如图 1-14 所示的受拉杆件，为显示和求得其内力，假设以横截面 $m-m'$ 把杆件分为两部分，任取一部分作为研究对象，根据平衡方程 $\sum F_x = 0$，求得 $N = F$。由于内力 N 的作用线与杆件轴线重合，故称轴力。一般把拉伸的轴力规定为正，压缩的轴力规定为负。这种假设用一平面把杆件截开，任取一部分作为分离体，根据平衡方程，找出内力与外力的关系，从而确定截面内力的方法称为截面法。

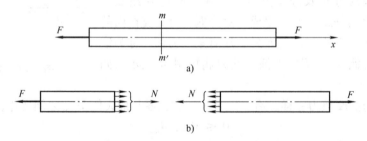

图 1-14　杆件受拉时内力的计算简图

2. 轴的强度条件

求得拉（压）杆件横截面上的轴力后，并不能判断该杆件是否有足够的强度，应进一步讨论横截面上的应力。单位面积上的内力称为应力，其国际单位为 MPa，$1\text{MPa} = 10^6 \text{Pa}$。

根据实验，若外力与杆件轴线重合，则受拉（压）杆件横截面上的应力均匀分布，横截面上各点的应力大小均相等，其作用线垂直于横截面。这种垂直于横截面的应力称为正应力，用 σ 表示，可得

$$\sigma = N/A \leqslant [\sigma] \tag{1-12}$$

式中，N 为横截面上的内力；A 为横截面面积。当杆件受拉伸时，σ 称为拉应力，规定取正。当杆件受压缩时，σ 称为压应力，规定取负。$[\sigma]$ 为材料的许用应力，可查表获得。

式（1-12）为拉（压）杆件的强度条件，利用强度条件可以解决以下三个方面的问题：

1）强度校核。直接应用 $\sigma = N/A \leqslant [\sigma]$，若杆件满足强度条件，则能安全工作，否则会因强度不够而发生破坏。

2）设计界面。将式（1-12）改为$A \geqslant \frac{N}{[\sigma]}$，即可确定杆件横截面面积。

3）确定许用载荷。将式（1-12）改为$N \leqslant A[\sigma]$，即可确定杆件最大可承受载荷。

如图1-15a所示，三角架由AB、BC两杆件用铰链连接而成，两杆件的横截面面积分别为$A_1 = 100\text{mm}^2$，$A_2 = 250\text{mm}^2$，设作用于节点B的载荷$F = 20\text{kN}$，不计杆件自重，试求两杆的正应力。

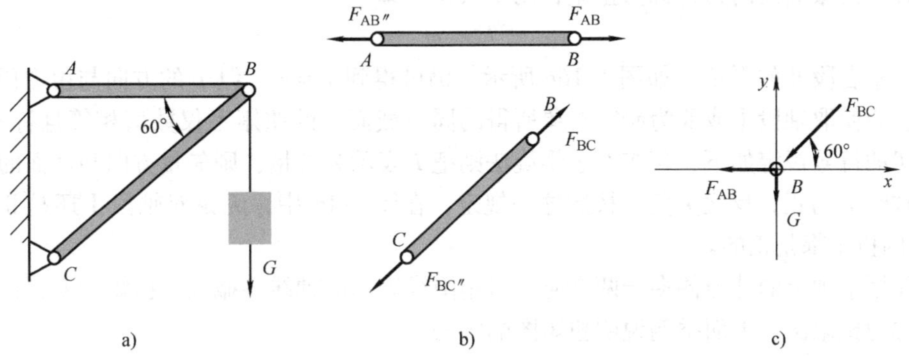

图1-15 三角架

① 取节点B为研究对象，求AB、BC两杆所受的外力，如图1-15c所示。

$$\sum F_x = 0,\ -F_{BC}\cos 60° - F_{AB} = 0$$

$$\sum F_y = 0,\ -F_{BC}\sin 60° - G = 0$$

$$F_{BC} = -\frac{G}{\sin 60°} = \frac{20\times 10^3}{\sqrt{3}/2}\text{kN} = 23.1\text{kN}$$

$$F_{AB} = -F_{BC}\cos 60° = 11.6\text{kN}$$

② AB、BC杆的轴力，如图1-15b所示。

$$F_{N1} = -F_{AB} = 11.6\text{kN}$$

$$F_{N2} = -F_{BC} = -23.1\text{kN}$$

③ 计算两杆的正应力。

AB杆正应力： $$\sigma_2 = \frac{F_{N2}}{A_2} = \frac{23.1\times 10^3}{250}\text{MPa} = -92.4\text{MPa}$$

BC杆正应力： $$\sigma_1 = \frac{F_{N1}}{A_1} = \frac{11.6\times 10^3}{100}\text{MPa} = 116\text{MPa}$$

二、扭矩——扭转

扭转是杆件变形的另一种基本形式，其受力表现为在垂直于杆件轴线的两个平面内，分别作用有大小相等、方向相反的两个力偶矩，变形表现为任意两个横截面发生绕轴线的相对转动。工程中通常把以扭转为主要变形形式的杆件称为轴。

使杆件产生扭转变形的外力偶矩用m（N·m）表示。它一般可通过力的平移并利用平衡条件确定，也可由轴所传递的功率P（单位为kW）和轴的转速n（单位为r/min）计算，

其计算公式为

$$m = 9549 \frac{P}{n} \tag{1-13}$$

现以受两外力偶矩 m 作用下的圆轴为例，如图 1-16a 所示，分析扭转时的内力。由截面法，假设在 $n-n'$ 处将轴分为两部分，取左段 I 为研究对象，如图 1-16b 所示。根据平衡条件，可知截面上存在一个与外力偶矩 m 大小相等、方向相反的力偶矩，该力偶矩就是杆件受扭转时横截面的内力，称为扭矩，用 T 表示，即

$$T = m \tag{1-14}$$

如考察右段 II 的平衡，如图 1-16c 所示，仍可得到 $T=m$，但 T 的方向与由左段 I 求出的相反。为使取轴段 I 或 II 为研究对象所得的同一截面上的扭矩不仅数值相等且符号相同，将扭矩 T 的符号规定如下：若按右手螺旋法则把 T 表示为矢量，则矢量方向与截面的外法线方向一致时 T 为正，反之为负。按照这一规定，在图 1-16 中，无论对轴段 I 还是 II，截面 $n-n'$ 上的扭矩都是正的。

当作用于轴上的外力偶多于两个时，可用图线表示沿轴线各截面上扭矩的变化情况，这种图线称为扭矩图。下面举例说明扭矩图的画法。

传动轴如图 1-17a 所示。主动轮 A 输入功率 $P_A = 36\text{kW}$，从动轮 B、C、D 输出功率 $P_B = P_C = 11\text{kW}$，$P_D = 14\text{kW}$，轴的转速 $n = 300\text{r/min}$，试做轴的扭矩图。

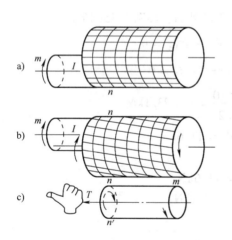

图 1-16　圆轴扭转时扭矩计算简图

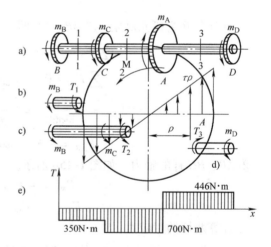

图 1-17　传动轴的扭矩计算

由式（1-13）算出作用于各轮上的外力偶矩分别为

$$m_A = 9549 \frac{P_A}{n} = 9549 \times \frac{36}{300} = 1146\text{N} \cdot \text{m}$$

$$m_B = 9549 \frac{P_B}{n} = 9549 \times \frac{11}{300} = 350\text{N} \cdot \text{m}$$

$$m_D = 9549 \frac{P_D}{n} = 9549 \times \frac{14}{300} = 446\text{N} \cdot \text{m}$$

由截面法，在图 1-17b 中，由 $\sum m = 0$ 知

$$T_1 + m_B = 0, \text{即 } T_1 = -m_B = -350\text{N} \cdot \text{m}$$

在图 1-17c 中，由 $\sum m = 0$ 知

$$T_2 + m_B + m_C = 0, \text{即 } T_2 = -m_C - m_B = -700\text{N} \cdot \text{m}$$

在图 1-17d 中，由 $\sum m = 0$ 知

$$T_3 = m_D = 446\text{N} \cdot \text{m}$$

轴的扭矩图如图 1-17e 所示。

三、弯矩——对称弯曲

机械结构中最常遇到的弯曲形式是对称弯曲，其特点是绝大多数受弯杆件的横截面都有一根对称轴，它与杆件轴线形成整个杆件的纵向对称面。外力或外力的合力作用在杆件的纵向对称面内，杆件变形后的轴线是位于纵向对称面内的一条平面直线。工程上将以弯曲为主的杆件，一般称为梁。截面大小不变，轴线为直线的梁称为等直梁。

根据支撑情况（图 1-18），梁的基本类型可分为简支梁、悬臂梁和外伸梁。这些梁的支反力都可由静力学平衡方程确定，统称为静定梁。

弯矩为作用于梁上的剪力对梁上某点的矩。一般情况下，规定使梁凸向下的弯矩为正，反之为负。

一般来说，在某一段梁内，若梁横截面上既有弯矩又有剪力，则称为横力弯曲；若梁横截面上只有弯矩没有剪力，则称为纯弯曲。在纯弯曲矩形截面梁的侧面上画出一些纵向线和横向线，如图 1-19a 所示，然后在梁的两端加上力偶矩，则其弯曲变形特点如图 1-19b 所示。

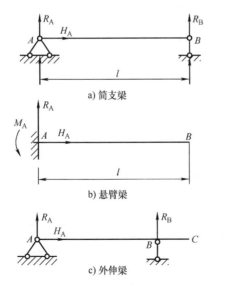

图 1-18 梁的基本类型

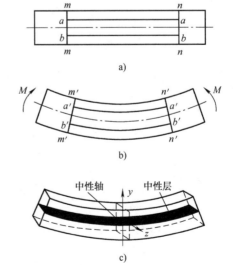

图 1-19 纯弯曲的变形

由此可作如下假设：变形前为平面的横截面，变形后仍为平面，且仍垂直于变形后的梁

轴线，这一假设称为平面假设。围绕横截面转动的轴称为中性轴，可证明中性轴是通过截面形心的。由梁的轴线和中性轴所构成的平面称为中性层，如图 1-19c 所示。根据平面假设可知，中性层上的材料既不伸长，也不缩短。另外，通常还假设梁的各纵向纤维间无相互作用的正应力。

中性层是梁上拉伸区与压缩区的分界面，其与横截面的交线为中性轴。如图 1-19c 所示，变形时横截面是绕中性轴旋转的。中性轴是横截面上各点正应力为零的直线，其下方为压应力，其上方为拉应力。

第二章 汽车材料

汽车材料的发展是汽车技术发展的重要方面，也是汽车质量保障的基础。汽车材料与汽车制造成本和耐用程度密切相关，现代汽车的技术进步，很大程度就是依赖材料技术的进步。

汽车材料包含汽车工程材料和汽车运行材料两大类。汽车工程材料指用于制造汽车零部件的材料，包括金属材料和非金属材料。汽车运行材料指汽车在运行过程中所消耗的材料，主要包括燃料、润滑剂和工作液等。

据统计，汽车上的零部件采用了 4000 余种不同的材料加工制造。以现代轿车为例，钢材占汽车自重的 55% ~ 60%，铸铁占 5% ~ 12%，有色金属占 6% ~ 10%，塑料占 8% ~ 12%，橡胶占 4%，玻璃占 3%，其他材料（油漆、各种液体等）占 6% ~ 12%，可见金属材料在汽车制造中占绝对主流地位。

第一节 汽车工程材料

一、金属材料

金属材料的性能主要分为使用性能和工艺性能两方面。使用性能指金属材料在使用时为保证零件、工程构件或工具等的正常工作，所应具备的性能，包括力学性能（如强度、塑性和硬度等）、物理性能（如密度、熔点、导热性和导电性等）及化学性能（如耐腐蚀性、抗氧化性等）等。工艺性能反映出金属材料在被制成各种零件、构件和工具的过程中，适应各种冷、热加工工艺的性能，主要包括铸造性能、锻造性能、焊接性能、切削加工性能和热处理性能等。在上述性能中，力学性能是最为重要的，因为它是产品设计和材料选择的主要依据。

1. 金属材料的性能

（1）金属材料的力学性能

任何机器工作时都会受到外力（载荷）的作用，如行车吊运重物，钢索会受到重物拉力的作用；车床导轨会受到工件、工具等重力的作用；汽车发动机曲轴会受到拉力、压力，甚至交变外力和冲击力的作用。在这些外力作用下，材料所表现出的一系列特性和抵抗破坏的能力称为力学性能。反映力学性能的指标有强度、塑性、硬度、冲击韧性和疲劳强度等。

1）强度。金属的强度指在外力作用下抵抗永久变形和破坏的能力。按载荷的形式不同，金属材料的强度可分为抗拉强度、抗扭强度、抗弯强度和抗剪强度。各种强度之间有一定的联系，一般以抗拉强度作为金属材料的强度指标。

抗拉强度是通过拉伸试验来测定的，如图 2-1 所示。方法是把一定尺寸和形状的金属试样装夹在试验机上，然后对试样逐渐施加拉伸载荷，直至把试样拉断为止。根据试样在拉伸过程中承受的载荷和产生变形量之间的关系，可得相应的应力 - 应变曲线，如图 2-2 所示。

根据拉伸曲线可确定有关的力学性能。

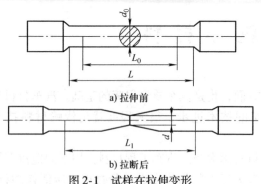

图 2-1 试样在拉伸变形 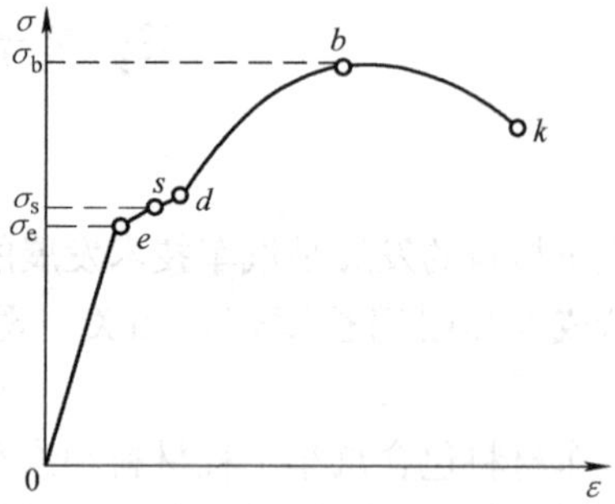 　　　　图 2-2 低碳钢的应力－应变图

图 2-2 中可分为以下变形阶段：

oe——弹性变形阶段：试样的变形量与外加载荷成正比，载荷卸除后，试样恢复原来的尺寸。

es——屈服阶段：此时不仅有弹性变形，还发生了塑性变形，即载荷卸除后，一部分形变恢复，还有一部分形变不能恢复，形变不能恢复的变形称为塑性变形。s 点为屈服点。

sd——明显塑性变形阶段：该阶段载荷不再增加，但试样继续均匀变形。

db——强化阶段：为使试样继续均匀变形，载荷必须不断增加。

bk——缩颈阶段：当载荷达到最大值时，试样的直径发生明显局部收缩，称为缩颈，此时变形所需的载荷逐渐降低。

k 点——试样发生断裂。

金属材料的强度指标根据其变形特点分为：

① 弹性极限值 σ_e：表示材料保持弹性变形，不产生永久变形的最大应力。

② 屈服极限（屈服强度）σ_s：表示金属开始发生明显塑性变形的抗力。有些材料（如铸铁）没有明显的屈服现象，则用条件屈服极限来表示，即产生 0.2% 残余应变时的应力值，用符号 $\sigma_{0.2}$ 表示。

③ 强度极限（抗拉强度）σ_b：表示金属受拉时所能承受的最大应力。

σ_s、$\sigma_{0.2}$、σ_b 是机械零件和构件设计及选材的主要依据。

2）塑性。塑性指金属材料在载荷作用下断裂前发生永久变形的能力。塑性指标也是由拉伸试验测得的，常用延伸率和断面收缩率来表示。

① 延伸率：试样拉断后，标距的伸长与原始标距的百分比称为延伸率，用符号 δ 表示。

$$\delta = \frac{\Delta L}{L_0} 100\% = \frac{L_1 - L_0}{L_0} 100\% \tag{2-1}$$

式中，L_0 为试样的原始标距长度（mm）；L_1 为试样拉断后的标距长度（mm）；ΔL 为伸长量（mm）。

② 断面收缩率：试样拉断后，缩颈处截面积的最大缩减量与原横断面积的百分比称为断面收缩率，用符号 ψ 表示。

$$\psi = \frac{\Delta S}{S_0} 100\% = \frac{S_0 - S_1}{S_0} 100\% \tag{2-2}$$

式中，S_1 为试样拉断后缩颈处最小横截面积（mm^2）；S_0 为试样的原始横截面积（mm^2）；ΔS 为试样缩颈处横截面积的最大缩减量（mm^2）。

塑性是材料的一个重要指标，δ 和 ψ 数值越大，表示材料的塑性越好。塑性好的材料可以发生大量塑性变形而不破坏，易于通过塑性变形加工成复杂形状的零件，例如工业纯铁的延伸率可达50%，断面收缩率可达80%，可以拉制细丝、轧制薄板等。塑性好的材料在使用中能保证材料不因稍有超载而突然断裂，这就增加了材料使用的安全性。

3）硬度。硬度指材料抵抗局部变形特别是塑性变形、压痕或划痕的能力，是金属材料重要的力学性能之一。硬度值可间接反映金属的强度及金属在化学成分和热处理工艺上的差异。

材料的硬度值是按一定方法测出的，不同方法在不同条件下测量的硬度值，因含意不同，其数值也不同，因此一般不能进行相互比较。

4）冲击韧性。许多零件在工作中，往往不是单纯承受静载荷作用，还要受到冲击载荷的作用，例如活塞销、锤杆、冲模和锻模等。在设计和制造受冲击载荷的零件和工具时，必须考虑所用材料的冲击吸收能量或冲击韧性。

金属材料抵抗冲击载荷而不破坏的能力称为冲击韧性。一般来说，材料强度大、塑性高，其冲击韧性就大。冲击韧性除与材料的化学成分和显微组织有关外，还与加载速度、试验时的温度、材料的表面质量及冶金质量有关。加载速度越高、试验温度越低、材料的表面质量及冶金质量越差，测得的冲击吸收能量值就越低。

在一次冲断条件下，测得的冲击吸收能量值对于判断材料抵抗大能量冲击的能力有一定意义。如果冲击能量低，冲击次数较多，则材料的冲击韧性主要取决于材料强度，材料强度高，冲击韧性较好。如果冲击能量大、冲击次数较少，则冲击韧性主要取决于材料塑性，材料塑性越高，冲击韧性较好。此外，冲击韧性还受外界温度的影响，因为塑性材料随着温度的降低也会逐渐变脆，从而使其冲击韧性降低，这一点对低温工作的零件影响较大，因此冲击吸收能量值一般只作为设计和选材的参考。

5）疲劳强度。汽车中高速旋转的传动轴会发生突然断裂，使用频繁的弹簧会脆断，气缸盖上的螺栓会断裂，变速齿轮会崩齿，这些现象通常是由金属疲劳引起的。汽车中的轴、齿轮、轴承和弹簧等零件，在工作过程中各点所受应力随时间周期性变化，这种随时间周期性变化的应力称为交变应力（也称循环应力）。

在交变应力作用下，虽然零件工作中所承受的应力值远低于材料的抗拉强度 σ_b，甚至小于屈服强度 σ_s，但较长时间的应力作用也会使工件产生裂纹或突然断裂，这种现象称为金属的疲劳，这种断裂方式称为疲劳断裂。材料发生疲劳断裂时不会产生明显的塑性变形。断裂是突然发生的，因此具有很大的危险性。据统计，损坏的机械零件中，有80%以上是由金属的疲劳造成的。

把试样承受无限次应力循环不破坏或达到规定的循环次数才断裂的最大应力，作为材料的疲劳强度。

金属的疲劳强度受到很多因素的影响，主要有工作条件、表面状态、材质和残余内应力等。改善零件的结构形状、降低零件表面粗糙度及采取各种表面强化的方法，都能提高零件的疲劳强度。

（2）金属材料的工艺性能

在制造过程中需对机械零件进行加工，如铸造、焊接和切削等。为使工艺简单、产品质量好、成本低，就必须考虑金属材料的工艺性能。工艺性能实际上是材料的力学性能、物理性能和化学性能的综合表现。

1）铸造性能。铸造是将熔化的金属或合金注入铸型型腔，以获得相应铸件的工艺方法。金属的铸造性能指能否将金属材料用铸造方法制成优良铸件的性能。它取决于金属的流动性、收缩性和偏析等。生产中常根据金属的铸造性能来调整铸造工艺，以获得合格的铸件。

流动性好的金属，其充填铸型的能力较强，浇铸后的铸件轮廓清晰，无浇注不足现象。收缩率小的金属，铸件冷却后缩孔小、表面无空洞、不容易因收缩不均匀而引起开裂，尺寸比较稳定。流动性的好坏主要与金属的性质有关，关键是化学成分。例如铸铁与铸钢相比，由于铸铁的含碳量高、熔点低且流动性好，可以浇铸更薄的铸件。

收缩性指金属浇注后在铸型中凝固时铸件体积的收缩量。铸件的主要缺陷，如裂纹、疏松和变形等，都与金属的收缩率有关。因此，要获得性能良好的铸件，应选用收缩率小的金属。

偏析指金属凝固后化学成分的不均匀性，严重的偏析会影响铸件的力学性能及化学性能。

铸造能生产其他工艺方法难以获得的箱体、壳体等形状复杂、大小不等的零件毛坯。

铸铁、钢、有色金属是常用的铸造材料，其中，灰铸铁和青铜铸造性能较好。

2）焊接性能。焊接是将两部分金属，通过加热或加压并借助原子间的结合力，使它们牢固地连接成整体的工艺方法。可分为熔化焊、压力焊和钎焊三种，熔化焊应用最广泛，它又可分为电弧焊和气焊。

焊接性能指能否将金属用一定的焊接方法，焊成优良接头的性能。它可以通过焊接试验来评定，其主要标准是产生裂缝的可能性和裂纹的多少，以及有无气孔产生。焊接性能好的金属易于用一般的焊接方法与工艺进行焊接，焊接时不易形成裂纹、气孔和夹渣等缺陷，接头的强度与母材相近。焊接性能差的材料，则必须使用特殊工艺和方法进行焊接。

金属焊接后产生裂纹的可能性与金属本身的化学成分和性能有关。例如碳钢的焊接性能比合金钢好；合金元素含量低的材料焊接性能比合金元素含量高的材料好；含碳量低的碳钢焊接性能比含碳量高的好。铸铁组织中存在石墨，因此焊接性能较差。

焊接工艺的优点：减轻零件或结构件的重量，生产周期短，效率高，成本低；焊接结构的强度高，气密性好；能节约金属，减少切削加工量，并能制造锻造、铸造等加工工艺无法生产的大型容器和框架结构件等，例如汽车车身、车架一般都是焊接成的。

3）切削加工性能。金属的切削加工性能指用刀具进行金属零件加工的难易与经济程度。某种金属的切削加工性能好，指它经过切削加工成为合格产品的难度小，反之就说明其切削性能差。金属的切削性能包括：允许的切削速度、经切削后能达到的表面粗糙度等级、切削时的动力消耗及对刀具的磨损程度等。

金属切削性能主要依据金属的硬度、韧性来判定，硬度过大、过小或韧性过大则切削加工性能差。灰口铸铁及硬度在 150～250HBW 的钢切削性能较好。太软的钢切削时不易断屑，容易黏刀，从而影响加工质量，并影响切削速度。太硬的钢则难以切削，会使刀具寿命过短，甚至无法进行切削加工。

4）压力加工与锻压性能。压力加工性能指能否用压力加工方法将金属加工成优良工件的性能。金属压力加工性能的好坏，主要取决于金属本身塑性的好坏和变形抗力的大小。

压力加工是使金属在体积不变的前提下，经外力作用产生塑性变形而成形，并改善组织和性能。因此塑性越好，金属产生的塑性变形量越多，成形越方便。变形抗力越小，金属越容易变形，所用的压力就可以减小，设备的动力也可以减小。

金属的压力加工方法很多，有自由锻、模锻、轧制、拉制、挤压和冲压等。它们可以生产金属的原材料（如各类型材），也可以生产零件或毛坯，使用最普遍的是锻造，包括自由锻和模锻。

锻造是使加热后的工件坯料利用静压力或冲击力作用而产生塑性变形，从而获得一定形状工件的工艺方法，常以生产零件毛坯为主，精密锻造也可直接制成零件。

金属的锻压性能指金属锻压的难易程度。若金属在锻压时塑性好，变形抗力小，则说明其锻压性能好，这取决于金属的化学成分、组织结构及变形条件。

常用金属中，低碳钢、中碳钢和部分有色金属及合金锻压性能良好。脆性材料，例如铸铁，则不能锻造。有些金属在加热状态下可以锻造，但在常温下不能锻造。

5）金属的热处理性能。金属的热处理性能指金属能否通过热处理工艺来改善或提高自身的力学性能。有色金属一般不易进行热处理。通常，碳钢、合金钢可以用热处理来改变其内部组织结构，甚至改变金属表面一定厚度材料的化学成分，以达到改善材料力学性能的目的。中碳钢、高碳钢及中碳合金钢、高碳合金钢具有较好的热处理工艺性。

2. 汽车常用金属材料

（1）金属材料常识

1）晶格。金属晶体中原子或离子按一定规则排列而成的空间几何图形，称为晶格。常见金属的晶格种类很多，最主要的有体心立方晶格和面心立方晶格两种。

2）多晶体。金属内部的原子完全是整齐规则排列时，称为单晶体。工业生产中，单晶体的金属材料除专门制作外，基本上是不存在的。实际的金属结构包含许多小单晶体，每个小单晶体内部的晶格方位是一致的，而各小单晶体之间的晶格方位不一致，这种外形、大小和晶格方位都不一致的小单晶体称为晶粒，晶粒之间的分界面称为晶界，这种由多晶粒组成的晶体结构称为多晶体。

3）结晶。物质由液态转变为固态的过程称为凝固。晶体材料的凝固过程也称为结晶，其实质就是液态自由原子在冷却过程中规则排列成晶体。通常把金属从液态转变为固态的过程称为一次结晶，而金属从一种固体晶态转变为另一种固体晶态的过程称为二次结晶或重结晶。

工业生产中，为获得细晶粒组织，结晶时常采用以下方法：

① 提高液态金属凝固时的冷却速度，如采用金属模代替砂型铸模。

② 进行变质处理。变质处理也称孕育处理。在浇铸前，向金属熔液中加入一些细小的形核剂（也称变质剂或孕育剂），使它们分散在液态金属中作为人工晶核，以增加晶核数量。例如，在铸铁中加入硅铁、硅钙，在钢中加入钛、硼、铝，在铝合金中加入钛、硼等，都能起到细化晶粒的作用。

③ 采用机械振动、超声波振动和电磁振动等方法，破坏生长中的晶枝，碎晶枝成为新的晶核从而增加晶核数目，以细化晶粒。

4）合金。合金是由两种或两种以上的金属元素或由金属与非金属元素构成的具有金属特性的物质。例如钢和生铁是铁和碳的合金，黄铜是铜和锌的合金。

组成合金的独立的最基本单元称为组元。由两个组元组成的合金称为二元合金；由三个组元组成的合金称为三元合金；由三个以上组元组成的合金称为多元合金。

组成合金的组元，在液态下多半是相互融合扩散成为均匀物体的，在凝固时则按组元间相互作用的不同而形成不同的晶体结构，因此合金的结构比纯金属复杂得多。由于构成合金的元素相互作用不同，合金常分为固溶体、金属化合物和机械混合物三种。

① 固溶体。固溶体是以一种金属元素的晶格为溶剂，其他元素的原子为溶质，溶质原子溶入溶剂晶格形成的均匀固体，例如钢中的铁素体就是碳原子溶入铁的晶格构成的固溶体。固溶体保持了溶剂的晶格。

② 金属化合物。金属化合物是构成合金的元素相互化合而成的新物质。它的晶格类型和性能完全不同于组成它的任一元素的晶格和性能。它具有一定的化学成分及新的晶格，例如钢中的渗碳体就是铁和碳的金属化合物。金属化合物一般性能硬而脆，熔点高。合金中含有金属化合物时，可提高其强度、硬度和耐磨性，但塑性会降低。

③ 机械混合物。机械混合物是两种或两种以上金属晶体相互混合而成的组织。它可以由纯金属、固溶体和金属化合物等晶体相互任意混合而成，例如钢中的珠光体就是由固溶体和金属化合物组成的机械混合物。机械混合物的性能取决于构成物本身的性能及它们的相对数量和分布状态。

5）铁素体。碳溶解在 $\alpha - Fe$ 中形成的固溶体，称为铁素体，又名纯铁体、α 固溶体。通常用符号 F 表示。碳在 $\alpha - Fe$ 中的溶解量很少（碳的质量分数 $<0.0218\%$），因此碳的强化作用很小，其力学性能近似纯铁，即强度、硬度低，而塑性、韧性好。

6）奥氏体。碳溶解在 $\gamma - Fe$ 中形成的固溶体，称为奥氏体，又名 γ 固溶体，通常用符号 A 表示。

奥氏体中的铁原子仍保持着面心立方晶格。$\gamma - Fe$ 中的间隙尺寸比 $\alpha - Fe$ 大，因此前者的溶碳能力较高。在温度为 727℃ 时，奥氏体的溶碳量为 0.77%（质量分数，后同）。随着温度升高，奥氏体的溶碳能力提高，当温度为 1148℃ 时，奥氏体的溶碳量可达 2.11%。

$\gamma - Fe$ 通常在高温条件下存在，因此一般情况下奥氏体也只能在高温下存在。

奥氏体具有很好的塑性，且有较低的变形抗力，是绝大多数钢种在高温下进行压力加工时所需的组织。

7）渗碳体。铁与碳形成的化合物（Fe_3C）称为渗碳体。渗碳体的含碳量为 6.69%，硬度很高，约为 800HBW 左右，但强度很低（$\sigma_b = 35MPa$），塑性和韧性几乎为零。渗碳体在钢中主要起强化作用，其数量、形状、大小及分布状况对钢的性能有很大影响。

8）珠光体。碳的质量分数为 0.77% 时的铁素体和渗碳体的混合物。

（2）碳素钢

碳素钢是工业上用量最多的金属材料。碳素钢的冶炼简便，价格低廉，一般情况下均能满足使用要求，因此它广泛应用于建筑、交通运输及机械制造领域。汽车的外壳、车架、车桥和转向系统中的零部件很多都采用碳素钢制造。

1）碳素钢的分类

① 按含碳量分：低碳钢 $W_c \leq 0.25\%$，中碳钢 $0.25 < W_c \leq 0.6\%$，高碳钢 $W_c > 0.6\%$。

② 按质量分（主要根据含有害杂质硫、磷的量）

a. 普通碳素钢：$W_S \leqslant 0.05\%$，$W_p \leqslant 0.045\%$。

b. 优质碳素钢：W_S、$W_p < 0.035\%$。

c. 高级优质碳素钢：$W_S \leqslant 0.02\%$，$W_p \leqslant 0.03\%$。

③ 按用途分

a. 碳素结构钢：主要用于制造各种工程构件、桥梁、建筑构件和机器零部件等，一般为中低碳钢。

b. 碳素工具钢：主要用于制作各种刀具、量具和模具，一般为高碳钢。

2）碳素钢的牌号、性能及主要用途

① 普通碳素结构钢。有害杂质硫、磷和非金属夹杂物较多，同等情况下塑性、韧性较低。但冶炼容易、工艺性好且价格便宜，能满足一般工程构件和普通零件的性能要求，因此应用广泛。一般用于受力不大的机械零件（如螺钉、螺母）或厂房、桥梁、船舶等的结构件。

普通碳素结构钢的牌号由代表屈服点的汉语拼音第一个字母 Q、屈服点数值、质量等级符号和脱氧方法符号四个部分按顺序组成，例如：Q235 – AF 表示屈服点为 235MPa 的 A 级沸腾钢。

② 优质碳素结构钢。有害杂质硫、磷和非金属夹杂物较少，品质较高，塑性、韧性比普通碳素钢好。主要用于制造较重要的机械零件。

优质碳素结构钢的牌号用两位数字表示，含义是该钢的平均含碳量的万分数。例如 45 钢表示平均含碳量（质量分数，后同）为 0.45% 的优质碳素结构钢。若含锰量较高，则数字后面应加 Mn，以示区别，例如 60Mn。若为沸腾钢或其他专用钢，则应在牌号后面附加规定符号，例如 10F 表示平均含碳量为 0.1% 的优质碳素结构钢/沸腾钢，20g 表示平均含碳量为 0.2% 的优质碳素结构钢/锅炉用钢。

3）碳素工具钢的牌号、性能及用途。碳素工具钢的牌号由汉字碳的汉语拼音第一个字母 T，加阿拉伯数字组成，数字表示钢中平均含碳量的千分数。例如 T8 钢表示平均含碳量为 0.8% 的碳素工具钢。若为高级优质碳素工具钢，则应在牌号后面标字母 A，如 T12A 表示平均含碳量为 1.2% 的高级优质碳素工具钢。

碳素工具钢的含碳量在 0.70% 以上，硬度高，耐磨性好。碳素工具钢都是优质钢或高级优质钢。

（3）合金钢

碳素钢能满足一般生产需求，但是一些重要工作场合的零件，或有耐热、耐蚀、高磁性或无磁性、高耐磨性等特殊要求的零件，碳素钢就无法满足其需要。

为改善钢的性能，炼钢时有目的地加入一些合金元素所形成的钢称为合金钢。合金钢通过热处理能获得优良的综合力学性能及一些特殊的物理、化学性能。常加入的合金元素有钛（Ti）、钒（V）、铌（Nb）、钨（W）、钼（Mo）、铬（Cr）、锰（Mn）、铝（Al）、钴（Co）、硅（Si）、硼（B）、氮（N）及稀土元素。但是合金钢的冶炼、加工困难，价格较贵，因此应合理选用。

合金钢品种繁多，为便于生产和管理，必须对合金钢进行分类与编号。一般地，按合金元素含量可分为低合金钢（$W_{Mc} < 5\%$）、中合金钢（$5\% < W_{Mc} < 10\%$）和高合金钢

（$W_{Mc} > 10\%$）；按用途可分为合金结构钢、合金工具钢和特殊性能钢等；按正火后的组织可分为珠光体钢、马氏体钢和奥氏体钢等；按合金元素的种类可分为铬钢、锰钢、铬镍钢和硅锰钢等。

1）合金结构钢。合金结构钢是在碳素结构钢的基础上加入一种或几种合金元素的钢，主要用来制造各种重要工程构件和重要机械零件，包括低合金结构钢、合金渗碳钢、合金调质钢、合金弹簧钢、滚动轴承钢及其他结构钢等。

合金结构钢都是优质钢、高级优质钢（牌号后加 A）或特级优质钢（牌号后加 E）。

合金结构钢的牌号由两位数字 + 元素符号（或汉字） + 数字三部分组成。两位数字表示该钢的平均含碳量的万分数。元素符号（或汉字）表示钢中含有的主要合金元素，后面的数字表示合金元素的含量。合金元素含量小于 1.5% 时不标。

例如 40Cr 表示平均含碳量为 0.40%，主要合金元素为 Cr，且含量在 1.5% 以下的合金结构钢；60Si2Mn 表示平均含碳量为 0.60%，主要合金元素为 Si 和 Mn，Si 平均含量为 2%，Mn 平均含量 < 1.5% 的合金结构钢。

2）合金工具钢。合金工具钢的牌号由数字 + 元素符号（或汉字） + 数字三部分组成。前面的数字表示该钢的平均含碳量的千分数（含碳量 ≥ 1% 时，不标出）。元素符号（或汉字）表示钢中含有的主要合金元素，后面的数字表示合金元素的含量。合金元素含量小于 1.5% 时不标出。例如 9SiCr 表示平均含碳量为 0.90%，主要合金元素为 Si 和 Cr，两者含量均在 1.5% 以下的合金工具钢；Cr12MoV 表示平均含碳量 ≥ 1%，主要合金元素为 Cr（平均含量为 12%），Mo 和 V（平均含量 < 1.5%）的合金工具钢。

① 合金刃具钢：主要用来制造金属切削刀具。

② 合金模具钢：主要用来制造各种金属成型用的模具。

③ 合金量具钢：量具是用来测量工件尺寸的工具（例如游标卡尺、塞尺）。制造量具要用专用钢种，碳素工具钢、合金工具钢和滚动轴承钢都可用来制造量具。

3）特殊性能钢。特殊性能钢的牌号与合金工具钢的牌号表示方法相同。

例如 2Cr13 表示不锈钢，平均含碳量为 0.20%，平均含 Cr 量为 13%。当含碳量为 0.03 ~ 0.10% 时，用 0 表示；当含碳量 ≤ 0.03% 时，用 00 表示。例如 0Cr18Ni9 表示平均含碳量为 0.03% ~ 0.10%，平均含 Cr 量为 18%，平均含 Ni 量为 9%。

常用的特殊性能钢有不锈钢、耐热钢和耐磨钢。

（4）铸铁

含碳量大于 2.11%，含有较多硅、锰、硫和磷等杂质元素的铁碳合金称为铸铁。

1）根据碳在铸铁中存在形式不同分类

① 灰口铸铁：碳全部或大部分以游离状态的片状石墨形式存在于铸铁中，断口呈暗灰色，故称灰口铸铁，是目前工业生产中应用最广泛的一类铸铁。

② 白口铸铁：碳以渗碳体的形式存在于铸铁中，断口呈银白色，故称白口铸铁。其组织硬而脆，难以切削加工，因此很少直接用来制造机械零件，但可利用其硬而耐磨的特性制造耐磨零件。

③ 麻口铸铁：碳一部分以石墨形式存在，另一部分以渗碳体形式存在，断口夹杂着白亮的渗碳体和暗灰色的石墨，故称麻口铸铁。这种铸铁脆性大，工业上很少使用。

2）根据铸铁中石墨的形态不同分类

① 灰铸铁。灰铸铁的抗拉强度、塑性、韧性和疲劳强度都比钢低得多。

片状石墨虽然降低了灰铸铁的机械性能，但石墨使灰铸铁的耐磨性较高，具有消振性及低缺口敏感性，铸造性能好，且具有优良的切削加工性能。

灰铸铁的牌号由"灰铁"两字的汉语拼音头字母 HT 及数字组成，数字表示最低抗拉强度值。例如 HT150 表示最低抗拉强度为 150MPa 的灰铸铁。

② 可锻铸铁。利用铸铁的优良铸造性能先铸造成白口铸铁铸件，然后经过石墨化退火处理，将渗碳体分解为团絮状的石墨，即获得可锻铸铁。因可锻铸铁具有一定的塑性变形能力，故得名可锻铸铁，实际上可锻铸铁并不可锻造。

可锻铸铁的牌号由三个字母及两组数字组成，其中 KT 表示"可铁"二字的汉语拼音头字母，第三个字母表示可锻铸铁的类型，后两组数字分别表示最低抗拉强度和延伸率。例如 KTH300 - 06 表示最低抗拉强度为 300MPa、最低延伸率为 6% 的黑心可锻铸铁；KTZ450 - 06 表示最低抗拉强度为 450MPa、最低延伸率为 6% 的珠光体可锻铸铁。

③ 球墨铸铁。球墨铸铁指铁水经过球化处理而使石墨大部分或全部呈球状分布的铸铁，简称球铁。由于石墨呈球状，使其强度和塑性有了很大提高。

球墨铸铁的牌号由"球铁"二字汉语拼音头字母 QT 及两位数字组成，两组数字分别表示其抗拉强度和延伸率的最小值。例如 QT400 - 18 表示最低抗拉强度为 400MPa、最低延伸率为 18% 的球墨铸铁。

④ 蠕墨铸铁。在光学显微镜下石墨形似蠕虫，故得名蠕墨铸铁。蠕墨铸铁较球墨铸铁在性能上的优越性在于具有良好的抗热疲劳性能，以及优良的导热性能，其铸造性能、减振能力也优于球铁。

蠕墨铸铁的牌号由"蠕铁"二字汉语拼音字母 RuT 及一组数字组成，数字代表最小抗拉强度值，例如 RuT420 表示最低抗拉强度为 420MPa 的蠕墨铸铁。

（5）铝及铝合金

1）工业纯铝。工业纯铝（简称纯铝）的纯度为 98% ~ 99.7%，呈银白色，常存杂质元素。它具有塑性高、强度低和硬度低等特点。可以进行冷、热压力加工，并可通过加工硬化使强度提高、塑性下降。

工业纯铝的主要用途是代替铜制作导线，配制不同的铝合金，制造要求质轻、导电导热性好、耐大气腐蚀而强度不高的机电器材。

工业纯铝分为冶炼产品（铝锭）和压力加工产品（铝材）两类。铝锭一般用于冶炼铝合金、配制合金钢成分或脱氧剂，或作为加工铝材的坯料。铝材的代号有 L1、L2 和 L3 等，符号 L 表示铝，后面的数字越大，表示杂质含量越高。

2）铝合金。铝中通常加入的合金元素有 Cu、Mg、Zn、Si 和 Mn 等。铝合金分为变形铝合金和铸造铝合金两类。

常见的铝合金汽车零件有进气歧管、活塞、气缸盖、散热器、离合器壳和轮毂等。

① 变形铝合金。变形铝合金指合金经熔化后浇成铸锭，再经压力加工（锻造、轧制和挤压等）制成板材、带材、棒材、管材和线材等型材，要求合金具有较高的塑性和良好的工艺成形性能。

依据主要性能特点，铝合金可分为防锈铝合金（简称防锈铝）、硬铝合金（简称硬铝）、超硬铝合金（简称超硬铝）和锻铝合金（简称锻铝）。防锈铝合金为不可热处理强化的铝合金，其余三种为可热处理强化的铝合金。

变形铝合金的代号采用汉语拼音字母加顺序号表示，例如5A01（防锈铝12#）、2A01（硬铝1#）、7A09（超硬铝7#）和2A70（锻铝7#）等。

② 铸造铝合金。铸造铝合金是将熔融的合金液直接浇入铸型中获得的成型铸件，要求合金具有良好的铸造性能。铸造铝合金加入的合金元素主要有 Si、Mg、Mn、Ni、Cr、Zn 和 Re 等。铸造铝合金可分为1Al－Si 系、2Al－Cu 系、3Al－Mg 系和4Al－Zn 系。铸造铝合金的牌号用铸、铝两字的汉语拼音首字母 ZL 后加三位数字表示。第一位数字表示合金类别，后两位数字表示合金顺序号。顺序号不同，化学成分也不一样，例 ZL108 表示 8 号铝硅合金。

铝硅合金是目前应用最广泛的铸造铝合金，ZL101、ZL102、ZL104 和 ZL108 常用于制造发动机活塞、气缸体和电子风扇叶片等。

（6）铜及铜合金

1）工业纯铜。工业纯铜呈紫红色，俗称紫铜，属重金属范畴。工业纯铜最显著的特点是导电、导热性好，仅次于银。

工业纯铜具有极优良的塑性，且焊接性良好，可进行冷热压力加工，但强度、硬度不高，在冷塑性变形后，有明显的加工硬化现象，强度提高，而塑性急剧下降。

工业纯铜中常含有 0.1%～0.5% 的杂质。铅和铋含量较高的工业纯铜进行热加工时，易发生脆性断裂，即热脆，而氧和硫含量较高的工业纯铜在进行冷变形加工时，易发生破裂，即冷脆。

根据 GB/T 5231—2012 的要求，工业纯铜的牌号以汉语拼音首字 T 加数字表示，数字表示杂质的含量。数字越大，杂质的含量越高。工业纯铜分为 T1（代号 T10900）、T2（代号 T11050）、T3（代号 T11090）三种。工业纯铜一般不作结构材料使用，主要用于制造导电、导热且抗蚀的器材。

2）铜合金。工业纯铜不适于用作结构材料，因此，为满足制造结构件的要求，需对工业纯铜进行合金化，加入一些 Zn、Al、Sn、Mn 和 Ni 等合金元素，以产生显著的固溶强化效果，获得强度及塑性都能满足要求的铜合金。常见的铜及铜合金汽车零件有铜散热器、制动阀阀体、铜套、铜插片和铜基摩擦片等。

铜合金分为黄铜、白铜和青铜三大类。黄铜是 Cu－Zn（铜－锌）合金，白铜是 Cu－Ni（铜－镍）合金。早期的青铜是 Cu－Sn（铜－锡）合金，现在把以锌和镍外的其他元素为主要合金元素的铜合金统称为青铜。应用较多的是黄铜和青铜。

① 黄铜。因铜加锌后呈金黄色而得名。简单的 Cu－Zn 合金称为普通黄铜。在普通黄铜中加入 Al、Sn、Pb、Si、Mn 和 Ni 等元素可制成特殊黄铜。根据 GB/T 5231—2012 的要求，普通黄铜牌号以黄字的汉语拼音首字 H 加数字表示，数字代表所含铜的平均质量分数。特殊黄铜牌号以 H＋主加元素符号＋铜的质量分数＋主加元素的质量分数来表示，例如 HMn58－2。

② 青铜。青铜是铜合金中综合性能最好的合金，普通青铜是以 Sn（锡）为主加合金元素的铜基合金，即 Cu－Sn 合金。现代工业把 Cu－Al、Cu－Be、Cu－Pb 和 Cu－Si 等铜合金

也称为青铜，通常在青铜合金前面冠以主要合金元素的名称，例如锡青铜、铝青铜、铍青铜和硅青铜等。青铜的牌号以青字汉语拼音首字 Q 加主要合金元素的名称及含量表示。铸造青铜在牌号前加 Z。

锡青铜适于铸造形状复杂、尺寸要求精确，但对致密度要求不高的铸件。铝青铜是无锡青铜中应用最广泛的，用于制造耐磨、耐蚀零件。铍青铜是铜合金中性能最好的一种，是工业上用于制造高级弹簧、膜片等弹性元件的重要材料，还可用于制造耐磨、耐蚀零件，航海罗盘中的零件及防爆工具等。

（7）其他有色金属

1）钛及钛合金。钛及钛合金具有优越的综合性能：比强度高、耐热性好，特别适合制造在 300~600℃ 温度范围内工作的要求比强度高的航空、航天等领域器件；优良的耐蚀性，在硫酸、盐酸、硝酸、氢氧化钠及海水中均有优良的稳定性；良好的低温韧性。

目前，复杂的加工条件及高昂的成本，在很大程度上限制了钛和钛合金的应用。钛在固态下可同素异构转变，转变温度因纯度的不同而异。

① 工业纯钛。工业纯钛呈银白色，熔点高（1725℃），密度小（4.5g/cm³），导热性差。工业纯钛的力学性能与其纯度有很大关系，若存在氧、氮、氢和碳等元素，则其强度会显著增加，而塑性则会下降。工业纯钛按纯度分为五个等级：TA1、TA2、TA3、TA4 和 T28。其中 T 为钛的汉语拼音首字，后面的数字表示纯度，数字越大纯度越低。工业纯钛常用于制造在 350℃ 以下工作的低载荷零件，如飞机骨架、发动机部件、耐海水管道及柴油机活塞、连杆等。

② 钛合金。钛合金按组织类型不同，可分为 α 型、β 型和 α+β 型，其牌号分别以 TA1、TB1 和 TC1 加序号来表示。

α 型钛合金（TA）的组织为单相 α 固溶体，它的主要合金元素是铝，具有很好的强度、韧性、热稳定性、焊接性和铸造性，抗氧化能力较好，塑性较低，热强性很好，可以在 500℃ 左右的环境中长期工作，可用来制造飞机涡轮机壳等。

β 型钛合金（TB）的组织为 β 固溶体，它的合金元素主要为铬、钼、锰、钒和铝等。这种合金强度较高、韧性好，易于进行冲压成型，经淬火和时效处理后析出弥散相，强度进一步提高，主要用于制造高强度板材和复杂形状零件。

α+β 型钛合金（TC）的组织由 α 固溶体和 β 固溶体两相构成，主要添加铝，也加入锰、铬和钒等，因此它兼有上述两类合金的优点，即塑性好、热强性好（可在 400℃ 环境中长期工作）、抗海水腐蚀能力强、生产工艺简单，并可通过淬火和时效处理进行强化，主要用于制造飞机压气机盘和叶片、舰艇耐压壳体、大尺寸锻件和模锻件等。

钛合金还具有良好的低温工作性能，例如 TC4（Ti-6A1-4V）在 -196℃ 以下仍然具有良好的韧性，用于制造低温高压容器，例如火箭及导弹的液氢燃料箱等。钛合金可用于制造在高、低温条件下工作的结构件，其发展前景非常广阔。

2）镁及镁合金。镁的密度很小（1.74g/cm³），耐蚀性很差，强度和塑性均不高，一般不直接用作结构料。与铝合金类似，在镁中加入 Al、Zn 和 Mn 等合金元素并利用固溶和时效强化后，其合金的强度可达 300~350MPa。此外，镁合金的强度与铝合金相比更高，能承受较大的冲击载荷且具有更高的疲劳极限。镁合金耐蚀性好（特别耐煤油、汽油等矿物油和碱类腐蚀），有良好的切削加工性，因此在航空、无线电通信和仪表等行业得到了广泛应用。镁合金是最有发展前景的汽车轻量化材料之一，用镁合金替代铝合金制造汽车零部件以减轻汽车自重已成为发展趋势。

3. 钢的热处理

金属材料的热处理指在金属材料为固态的条件下，采用适当的方式进行加热、保温和冷却，以改变其内部组织结构，从而获得所需性能的一种工艺方法。

通过适当的热处理，可充分发挥材料的潜力，显著提高材料的力学性能，延长零件的使用寿命，还可消除铸、锻和焊等加工所引起的内应力和各种缺陷，为以后工序做好准备。例如，汽车后桥的主动齿轮经热处理后使用寿命可达 6000h 以上，而未经热处理的使用寿命仅为 1500h。80%左右的汽车零件需进行热处理，所有的刀具、模具、量具和滚动轴承等均需进行热处理。热处理的主要对象是钢。主要方法有退火、正火、淬火、回火及各种表面热处理等。

钢在加热时的组织转变实质上是奥氏体的形核和长大过程。奥氏体转变越彻底，其晶粒度越均匀细小，钢的性能越好。钢加热到相变点后需保温一段时间，目的是使工件内外温度一致，从而获得成分均匀的奥氏体。钢加热到奥氏体状态后，起始晶粒总是细小的，但随着加热温度升高和保温时间延长晶粒容易长粗，因此应严格控制加热温度和保温时间。冷却是将加热到高温奥氏体状态的钢以一定速度冷却到低温，使钢中奥氏体发生预期转变，从而获得所需的组织和性能，以满足加工和使用需要。钢在加热、冷却过程中的组织变化如图 2-3 所示。

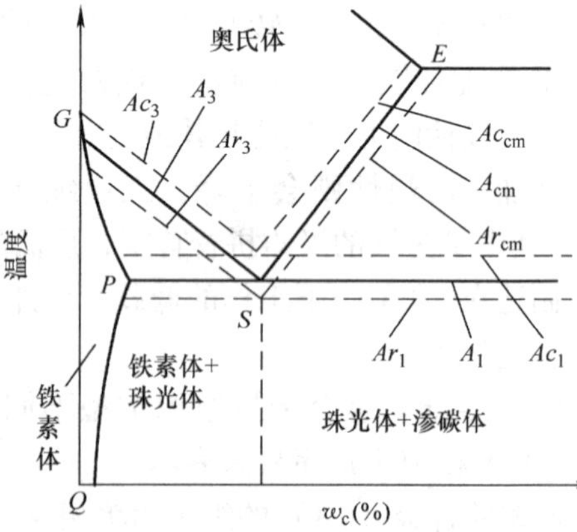

图 2-3　钢在加热、冷却过程中的组织变化

（1）钢的退火与正火

机械零件经过铸造、锻压和焊接等加工工艺后，其内部会有残余应力、组织粗大、不均匀和偏析等缺陷，这时经过适当的退火或正火处理，便可得到改善。退火和正火常被当作预先热处理工艺，以为后面的加工或最终热处理做好准备。若对工件性能没有特别要求，例如发动机缸体等，退火或正火就可作为最终热处理。

1）退火。退火是将工件加热到一定温度并保温，然后再随炉缓慢冷却的一种热处理工艺。常用的退火方法有完全退火、球化退火和去应力退火等。

① 完全退火。将钢加热到 Ac_3（热临界点）以上 30～50℃，保温一定时间，随炉冷却到 600℃以下，出炉后空冷。完全退火后的组织为珠光体 + 铁素体，其目的是消除工件的内应力、降低硬度、细化晶粒及均匀组织，为后续加工做准备。主要用于加工亚共析钢的铸、锻、焊接件的毛坯或半成品零件的预先热处理。

② 球化退火。将钢加热到 Ac_1 以上 30～50℃，经充分保温后缓冷到 600℃出炉空冷。退火组织为球状珠光体。其目的是降低硬度、提高韧性、改善切削加工性，为后续热处理做组织准备。球化退火主要用于加工共析、过共析钢。

③ 去应力退火。将钢加热到 Ac_1 以下某一温度（一般为 600℃），保温后随炉冷却，又称低温退火或人工时效。目的是消除铸、锻、焊、冷成形件及切削加工件中的残余应力。

2）正火。将钢加热到 Ac_3 或 Ac_{cm} 以上 50~70℃，保温一定时间，出炉后在空气中冷却。正火的冷却速度比退火快，因此得到的组织是以细珠光体为主的非平衡组织。正火后材料的硬度、强度和韧性都高于退火，且操作简便、周期短，故应优先考虑。正火主要有以下应用：

① 作为普通结构钢零件的最终热处理工艺。正火可消除铸造、锻造和焊接过程引起的过热缺陷，细化晶粒、提高硬度、改善切削加工性。对力学性能要求不高或尺寸较大的结构件，可用正火作为最终热处理工艺。

② 作为低、中碳结构钢零件的预备热处理工艺。正火可消除成形工艺过程中产生的缺陷，保证合适的切削加工硬度，为后续热处理做好组织准备。

（2）钢的淬火与回火

1）淬火。将钢加热到 Ac_3 或 Ac_{cm} 以上 30~50℃，保温一定时间，然后进行快速冷却。其目的是获得马氏体组织，使钢具有高硬度和高耐磨性。淬火是强化钢材的重要方法。

常用的淬火冷却介质有油、水、盐水和碱水等，其冷却能力依次增加。水主要用于形状简单、截面较大的碳钢零件的淬火，油一般用作合金钢的淬火。为减少零件淬火时的变形，常用盐水作淬火介质。

钢的淬透性：指在标准条件下，钢在淬火时获得淬硬层深度的能力。其大小通常用规定条件下淬火获得淬透层的深度（又称有效淬硬深度）表示。

钢的淬硬性指钢在理想条件下淬火达到最高硬度的能力。低碳钢淬火的最高硬度值低，淬硬性差。高碳钢淬火的最高硬度值高，淬硬性好。注意，淬透性和淬硬性是具有不同含义的两个概念。

在钢的淬火过程中，易产生变形和开裂、氧化和脱碳、过热和过烧、硬度不足等淬火缺陷。

2）回火。将淬火后的钢，重新加热到 Ac_1 以下某一温度，保温一定时间后冷却至室温。

淬火钢经回火后可以减少或消除淬火应力，稳定组织，提高塑性和韧性，从而使钢的强度、硬度和塑性、韧性得到适当配合，以满足不同工件的性能要求。

淬火后必须立即回火，间隔时间最长不宜超过 1h。

根据钢件性能要求不同，按其回火温度范围，可分为以下三类。

① 低温回火

温度范围：150~250℃。

目的：降低应力和脆性，使钢具有高硬度、强度和耐磨性。

应用：一般用来处理要求高硬度和高耐磨性的工件，例如刀具、量具、滚动轴承和渗碳件等。

② 中温回火

温度范围：350~500℃。

目的：回火后具有高弹性极限和屈服强度，以及较高韧性。

应用：主要用于各种弹簧和模具。

③ 高温回火

温度范围：500~650℃。

目的：使工件的强度、塑性和韧性能较好地配合，即具有较高的综合力学性能。

应用：适用于中碳结构钢制造的曲轴、连杆、连杆螺栓、半轴、机床主轴及齿轮等重要机器零件。

一般把淬火加高温回火的热处理工艺称为调质处理。

（3）钢的表面热处理

在冲击载荷和表面摩擦条件下工作的零件表面要具有较高的硬度和耐磨性，而内部要有足够的塑性和韧性。为满足这类零件的性能要求，就必须进行表面热处理。常用的表面热处理方法有表面淬火和化学热处理两种。

1）表面淬火。表面淬火是将工件表面快速加热到淬火温度，然后迅速冷却，仅使表面层获得淬火组织，而内部仍保持淬火前组织的热处理方法。目前常用的有火焰加热表面淬火和感应加热表面淬火。

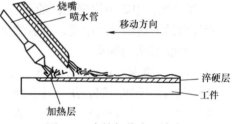

图 2-4　火焰加热表面淬火

① 火焰加热表面淬火。利用可燃气体（如氧 – 乙炔）对零件表面进行快速加热，随之快速冷却的热处理工艺，如图 2-4 所示。

火焰淬火的淬硬层深度一般为 2 ~ 6mm，特点是加热温度及淬硬层深度不易控制，淬火质量不稳定，但不需要特殊设备。一般用于单件或小批量生产。

② 感应加热表面淬火。利用感应电流通过工件所产生的热效应，使工件表面局部加热，随之快速冷却的热处理工艺，称为感应加热表面淬火，如图 2-5 所示。

感应加热速度极快、加热时间短，因此晶粒细小均匀、淬火质量好、工件变形小、生产率高、易于机械化、自动化，适于大批生产。但大件、太复杂件难以处理。淬火后仍需进行低温回火。

2）化学热处理。经过表面淬火的工件表面硬度只能达到 52 ~ 54HRC，不是很高。若有进一步的要求，则应采用化学热处理。

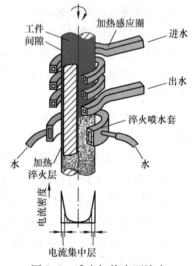

图 2-5　感应加热表面淬火

化学热处理指将零件放入一定温度的活性介质中，使一种或几种元素渗入零件表面，以改变其表层化学成分、组织和性能的一种表面热处理工艺。

按渗入元素的不同，化学热处理可分为渗碳、渗氮、渗硼和碳氮共渗等，其中前两种最常用。

① 渗碳。将钢放入渗碳的介质中加热并保温，使活性碳原子渗入钢的表层的工艺称为渗碳。

通过渗碳提高工件表面的含碳量，经随后的淬火和低温回火，使表面具有高硬度、高耐磨性和高抗疲劳性能，而内部具有一定的强度和韧性配合。

渗碳只改变工件表面化学成分，要使渗碳件表面具有高硬度、高耐磨性和内部良好的韧性，渗碳后还必须进行热处理，常用的是淬火、低温回火。

② 渗氮。渗氮俗称氮化，指在一定温度下使活性氮原子渗入工件表面的热处理工艺。其目的是提高零件表面硬度、耐磨性、疲劳强度、热硬性和耐蚀性等。

③ 碳氮共渗。碳氮共渗是同时向钢件表面渗入碳和氮原子的化学热处理工艺，俗称氰化。

碳氮共渗零件的性能介于渗碳与渗氮零件之间。目前常用来处理汽车和机床上的齿轮、蜗杆和轴类零件。

二、非金属材料

除金属外，其他材料均为非金属材料，包括塑料、橡胶、玻璃、陶瓷、合成纤维、黏结剂、摩擦材料和涂装材料等，它们在汽车上的应用范围正逐渐扩大。

非金属材料有许多金属材料不具备的特点，例如高分子材料质轻、耐蚀、绝缘、减振、价廉等。陶瓷则具有高硬度、耐高温、耐腐蚀等特点。它们发挥了金属材料无法替代的作用，从而成为现代工业中必不可少的材料。非金属材料种类繁多，以下主要介绍有机高分子材料、陶瓷材料和复合材料。

1. 高分子材料

高分子材料是以相对分子质量大于 5000 的高分子化合物为主要成分的材料，又称高聚物或聚合物。通常，高分子材料根据机械性能和用途可分为塑料、橡胶、合成纤维、粘合剂和涂料等五类。

在汽车中，高分子材料的应用十分广泛。据统计，现代轿车中高分子材料用量占其全重的 12% ~16%。塑料的密度小、价格低，采用塑料代替部分钢铁件，既可减轻车辆自重，又可降低成本。例如，近年来用高密度聚乙烯制造轿车汽油箱，可使油箱减重 30% 之多。而轿车内部构件已广泛采用塑料来制造。

高分子材料的缺点是强度、刚度不够大，易老化，一般不适合做承重量大的结构件。因此，载货车上黑色金属的用量较大，占其全重的 70% 以上。

（1）塑料

塑料是应用最广泛的有机高分子材料，也是最主要的工程结构材料之一。目前在汽车上的用量约占整车质量的 8% ~12%。汽车塑料零部件主要有三类：内饰件、外饰件和功能件。内饰件主要有仪表板、车门内饰板和座椅等，外饰件主要有保险杠、挡泥板等，功能件主要有暖风机、空调部件等。

塑料的主要成分是合成树脂，此外还包括填料或增强材料、增塑剂、固化剂和稳定剂等各种添加剂。合成树脂种类决定了塑料的基本属性，并起到黏结剂的作用。添加剂的作用是弥补或改进塑料的某些性能。酚醛树脂中加入木屑后强度会显著提高，称为电木。增塑剂用来增加树脂的可塑性和柔软性。稳定剂可防止塑料过早老化，延长其使用寿命。

另外，塑料中常加入的添加剂还有润滑剂、着色剂、发泡剂、催化剂、阻燃剂和抗静电剂等。工程塑料可分为热塑性塑料和热固性塑料两类。

塑料具有如下特点：

1）质量轻、强度低、刚度低。塑料的密度一般为 $0.9 \sim 2.0 \mathrm{g/cm^3}$，仅为钢的 1/7 ~1/4，强度 σ_b 一般为 30 ~150MPa，刚度仅为金属的 1/10，因此塑料只能制造承载不大的零件。但塑料的密度小，因此其比强度和比模量还是很高的。

2）热导率较小。一般为金属的 1/600 ~ 1/500，因此具有良好的绝热性，但易摩擦发热。

3）热膨胀系数大，是钢的 3 ~ 10 倍，因此塑料零件的尺寸精度不够稳定。

4）耐热性差，易老化。大多数只能在小于 100℃ 的环境中使用，只有高温塑料可在 200℃ 左右环境中使用。

5）绝缘性好，因此塑料广泛应用于电气、电力工程领域。

6）耐蚀性好。化学稳定性很高，耐酸、碱、油、水及大气等的侵蚀，特别适合制造化工机械零件及在腐蚀介质中工作的零件。

7）减摩性能、耐磨性能差异大。大部分塑料的减摩、耐磨性较金属差，但也有些塑料，例如聚氟乙烯、尼龙等，摩擦系数仅为 0.04，且具有良好的自润性，因此是极好的轴承材料和耐磨材料，大量用于制造密封件、齿轮和轴承等零件。

此外，塑料还具有吸振性能高、易于加工成型等优点。

（2）橡胶

橡胶是一种具有极高弹性的高分子材料，其弹性变形量可达 100% ~ 1000%，且回弹性好。同时，橡胶还有一定的耐磨、吸振、绝缘和隔声特性。它是常用的弹性、密封、减振防振和传动材料。橡胶的主要缺点是易老化、耐油性差。

1）橡胶的分类。按照原料的来源，橡胶可分为天然橡胶和合成橡胶两大类。天然橡胶是以天然橡胶树上流出的胶乳经处理后制成的。受资源储量的限制，天然橡胶的产量远远不能满足工业生产的需要，因此发展出用人工方法将单体聚合的合成橡胶。

合成橡胶广义上指用化学方法合成制得的橡胶，以区别于从橡胶树生产出的天然橡胶。合成橡胶是以石油、天然气为原料，以二烯烃和烯烃为单体聚合而成的高分子材料。配合剂的作用是提高和改善橡胶的性能。常用配合剂有硫化剂、促进剂、填充剂、防老化剂、发泡剂和着色剂等。

合成橡胶的种类繁多，目前主要有丁苯橡胶、顺丁橡胶、氯丁橡胶、异戊橡胶、丁基橡胶、乙丙橡胶和丁腈橡胶等。

2）常用橡胶。根据橡胶的应用范围，可分为通用橡胶和特种橡胶。汽车常用橡胶的种类、代号、性能及用途见表 2-1。

表 2-1 汽车常用橡胶的种类、代号、性能及用途

类别	品种、代号	性　能	用　途
聚乙烯	天然橡胶（NR）	耐磨性好	轮胎、胶带、胶管
聚氯乙烯	丁苯橡胶（SBR）	耐磨、耐候、耐油、耐老化、耐热	轮胎、通用制品、胶板、胶布
聚丙烯	顺丁橡胶（BR）	弹性好、耐磨、耐寒	电线包皮、减振器、内胎、橡胶弹簧
聚氨酯树脂	氯丁橡胶（CR）	物理机械性能好、耐候	胶管、胶带、汽车门窗嵌条、密封件
ABS 树脂	异戊橡胶（IR）	绝缘性好、吸水性低	胶管、胶带
有机玻璃	丁基橡胶（JIR）	气密性好、耐酸碱、吸振	内胎、防振件、防水胎
聚酰胺（尼龙）	聚氨酯橡胶（UR）	耐磨、耐油、强度高	耐油胶管、垫圈、实心轮胎、耐磨制品

（续）

类别	品种、代号	性　能	用　途
聚甲醛	硅橡胶（Q）	绝缘、耐高/低温（−100~300℃）	耐高/低温件、绝缘件
酚醛塑料	氟橡胶（FPM）	耐高温、耐蚀、耐辐射、高真空性	耐蚀件、高真空件、高密封件
聚碳酸酯	丙烯酸酯橡胶（ACM）	耐油、耐候、耐老化	油封、皮碗、火花塞护套

2. 陶瓷材料

陶瓷材料指以天然矿物或人工合成的各种化合物为基本原料，经粉碎、配料、成型和高温烧结等工序制成的无机非金属固体材料。当今的陶瓷材料与金属材料、高分子材料一起构成了工程材料的三大支柱。按成分和用途的不同，陶瓷可分为传统陶瓷、近代陶瓷、金属陶瓷和现代陶瓷四类。

普通陶瓷又称传统陶瓷，是用黏土、长石和石英为原料，经成型、烧结而成的。其耐高温性能不如近代陶瓷，通常最高使用温度为1200℃左右。传统陶瓷广泛应用于日用、电气、化工、建筑和纺织等领域，例如对耐蚀性要求不高的化工容器、管道，供电系统的绝缘子、纺织机械中的导纱零件等。

特种陶瓷又称新型陶瓷或精细陶瓷。由以块状和粉状为主的状态向单晶化、薄膜化、纤维化和复合化的方向发展。氧化铝陶瓷又称刚玉瓷，其典型用途为制造火花塞绝缘体。

现代陶瓷在电子技术、空间技术和能源工程等方面的发展中起着重要作用。例如：大规模集成电路离不开压电陶瓷和磁性陶瓷，计算机的存储系统需要铁磁性陶瓷，火箭的鼻锥体要求采用高温陶瓷材料，磁流体发电机需要新型陶瓷作为电极材料，燃料电池需要陶瓷型离子导体作为隔膜材料。在现代陶瓷中，电子陶瓷和功能陶瓷是应用量最大的一类，其次为结构陶瓷和工具陶瓷。

纤维增韧是解决陶瓷脆性的主要办法之一，因此陶瓷基复合材料越来越受到人们的重视。纤维增强陶瓷基复合材料是以纤维作增强体，把纤维与陶瓷基体通过一定的复合工艺结合在一起的材料的总称。

金属陶瓷是把金属的热稳定性和韧性与陶瓷的硬度、耐火度、耐蚀性综合起来的具有高强度、高韧性、高耐蚀性和高高温强度的新型材料。碳化物基金属陶瓷用一种或几种难熔的碳化物粉末与作为黏结剂的金属粉末混合，通常又称硬质合金。

3. 复合材料

复合材料是将两种以上在物理和化学性质上不同的物质组合起来得到的一种多相固体材料。复合材料能克服单一材料的弱点，充分发挥自身优点。复合材料的性能优于自身组分中的任一材料，还可具有单独组分不具备的独特性能，从而使复合材料具有优良的综合性能。复合材料已在交通运输、船舶、航空航天和通用机械等领域广泛应用。例如美国的B-2隐形战略轰炸机的机身和机翼就大量使用了石墨和碳纤维复合材料，这种材料不仅强度高，而且具有可吸收电磁波的特性。

碳纤维增强复合材料与玻璃钢相比，其抗拉强度高，弹性模量是玻璃钢的4~6倍。此外，碳纤维复合材料还具有优良的减摩性、耐蚀性、热导性和较高的疲劳强度。

汽车常用的复合材料有高分子基复合材料、金属基复合材料和陶瓷基复合材料。

（1）高分子基复合材料（FRP）

FRP 是实现汽车轻量化的重要材料。FRP 主要由三部分组成：纤维，多为玻璃纤维、碳纤维和陶瓷短纤维等，特别是玻璃纤维，在价格、生产和性能等方面有明显优势，纤维含量为 25% ~ 30%；树脂，包括聚丙烯（PP）、聚乙烯（PVC）、聚二烯（PE）、ABS 等不饱和聚酯和热塑性树脂；填充料，制作过程中加入适当的硬化剂和增黏剂，使用先进的成型工艺，便可得到成型流动性好的高分子基复合材料。

FRP 早在 20 世纪 50 年代就开始在汽车上使用。由于 FRP 的大量应用，轿车的平均质量大为减轻。目前，利用 FRP 制造的汽车部件有车身/车顶壳体、发动机部件、仪表板、阻流板、车灯、散热隔栅、夹层板和后闸板等。FRP 中较典型的种类如下。

1）玻璃纤维增强塑料。玻璃纤维增强塑料指由玻璃纤维与热固性或热塑性树脂复合的材料，通常又称玻璃钢，它是诞生于 20 世纪 40 年代的第一代复合材料。它具有强度高、价格低、来源丰富及工艺性能好等特点。它比普通塑料有更高的强度（包括抗拉、抗弯和抗压）和冲击韧度，热膨胀系数小，尺寸稳定性高，在汽车行业中有广泛的应用。玻璃纤维增强尼龙的强度超过铝合金，接近镁合金，可替代这些金属。在汽车发动机气缸盖等部位若采用玻璃纤维强化热塑性树脂（GFRTP），比用铸铁制造可减重 45%。汽车底盘若采用玻璃纤维增强树脂（GFRP），其重量可比用钢铁材料制造减轻 80%。从 20 世纪 80 年代起，玻璃纤维增强塑料已被世界各大汽车公司采用，是汽车上应用最广的复合材料。

2）碳纤维增强塑料。碳纤维增强塑料是以碳纤维或其织物为增强相，以树脂为黏结剂制成的增强塑料。它的抗拉强度和疲劳强度高、密度低、耐磨性和耐蚀性好、膨胀系数小、能导电、伸长率小，但抗冲击性差、价格昂贵。

未来，碳纤维增强塑料将是汽车工业中大量使用的增强材料。因为汽车要求油耗低、轻量化、发动机高效化、车身阻力小等，迫切需要一种质轻且一材多用的轻型结构材料，而碳纤维增强塑料是最理想的选择。它可用于制造发动机系统中的推杆、连杆、摇杆、水泵叶轮，传动系统中的传动轴、离合器片、加速装置等，底盘系统中的悬置件、弹簧片、框架及散热器等，车体上的车顶内外衬、地板及车门等。

（2）金属基复合材料

金属基复合材料的特点是比强度、比刚性好，耐热及耐磨性好，还具有优良的导热性和导电性。因此，如果零件要求兼有以上综合性能，则可采用金属基复合材料，例如汽车中的活塞、活塞销、气门摇臂、连杆、气缸体和挺柱等。但碍于制造问题，目前金属基复合材料未能得到广泛使用。

（3）陶瓷基复合材料

陶瓷具有耐高温、抗氧化、高弹性模量和高抗压强度等优点。但碍于脆性大，经不起冲击，陶瓷在早期并未得到广泛使用。20 世纪 80 年代以来，通过在陶瓷材料中加入颗粒、晶须及纤维等，使陶瓷的韧性大大提高。

陶瓷基复合材料具有高强度、高模量、低密度、耐高温、高耐磨性和良好的韧性，目前已用在高速切削工具和内燃机部件上。汽车工业的研究重点是寻找替代金属的用于制造发动机零部件甚至整机的材料，而陶瓷材料可提高热效率、无须水冷，比硬质合金的质量轻得多，因此可用于制造发动机部件。

三、汽车零件的失效

零件的失效与用材合理与否密切相关。应首先分析零件的失效方式与原因，然后对症下药，根据具体情况选择合适的材料。

零件的失效包含达到设计寿命的正常失效，这是允许的，也是安全的。也有远低于预期寿命的早期失效，这可能没有先兆而突然发生，轻则带来经济损失，重则造成人身伤害。

1. 零件的失效形式

一般机械零件常见的失效形式有如下。

1）断裂失效：这是最危险的一种，总是突然发生，包括静载荷或冲击载荷断裂、疲劳破坏，以及低应力脆性断裂、蠕变断裂失效等。

2）表面损伤失效：包括过量的磨损、表面腐蚀、龟裂和麻点剥落等表面损伤失效。

3）变形失效：包括过量的弹性变形或塑性变形（整体或局部的）、高温蠕变等。

2. 零件的失效原因

引起零件失效的因素很多，涉及零件的结构设计，材料选择与使用，加工制造、装配、使用保养等。但就零件失效形式而言，则主要与其工作条件有关。零件工作条件包括应力情况（应力的种类、大小、分布、残余应力及应力集中情况等）、载荷性质（静载荷、冲击载荷及交变载荷）、温度（低温、常温、高温或交变温度）、环境介质（有无腐蚀性介质和润滑剂）以及摩擦、振动情况等。

第二节 汽车运行材料

汽车运行材料指汽车在运行过程中消耗的材料，主要包括燃料、润滑剂和工作液等。汽车运行材料大多是石油产品。据统计，全世界石油产品的46%左右为汽车所消耗。汽车的各项使用性能和使用寿命都与汽车运行材料密切相关。只有掌握了各种汽车运行材料的选用技术，正确、合理地选用运行材料，才能充分发挥汽车的技术和经济性能。

一、汽车燃料

1. 汽油

汽油是当今汽车最常用的燃料，它作为汽油机的主要燃料，对汽油机的工作可靠性、经济性和使用寿命有极大影响。

汽油主要分为航空汽油、工业汽油和车用汽油。汽车使用的是车用汽油，它是从石油中提炼得到的。

（1）汽油的性能指标

汽油应满足汽油机的工作要求，即在短时间内由液体状态蒸发成气体状态，并与空气均匀混合，形成良好的可燃混合气，平稳、快速地燃烧，完成对外做功。同时，不能发生气阻、爆燃及腐蚀机件等现象。汽油这种满足汽油机的工作需求并保证汽油机正常发挥其性能的能力，称为汽油的使用性能。汽油的使用性能靠一系列性能指标来保证。

1）蒸发性：汽油由液态转化为气态的性质。

2）抗爆性：指汽油在发动机气缸内燃烧时抵抗爆燃的能力。抗爆性好的汽油不易产生爆燃，可用于压缩比较高的汽油机，以提高其动力性和经济性。

汽油的抗爆性用辛烷值评定。辛烷值是代表点燃式发动机燃料抗爆性的一个约定数值。在规定条件下的标准发动机试验中，通过与标准燃料进行比较来测定，用与被测定燃料具有相同抗爆性的标准燃料中的异辛烷体积百分数来表示。

我国用研究法辛烷值来划分车用汽油的牌号。研究法辛烷值表示汽车在城市道路上行驶时汽油的抗爆性，马达法辛烷值表示汽车在长途公路上或大功率重载情况下行驶时汽油的抗爆性。

3）安定性：指汽油在储存和使用过程中，抵抗氧化生胶而保持自身性质不发生永久变化的能力。

4）抗腐性：指汽油阻止与其相接触的金属被腐蚀的能力。

5）无害性：指汽油在汽油机内燃烧后的燃烧产物不对机动车、人体和生态环境产生不利影响的性能。

6）清洁性：指汽油中是否含有机械杂质和水分。机械杂质和水分会造成油路堵塞、磨损加剧等严重后果。

（2）汽油的牌号

GB 17930–2016《车用汽油》按研究法辛烷值将我国车用汽油分为89、92、95三个牌号。牌号中的数字表示汽油的研究法辛烷值。

选择汽油牌号应适当，汽油牌号过高会增加使用成本，并有可能使发动机不容易起动。汽油牌号过低会使发动机产生爆燃，影响动力性和经济性，严重时还会使发动机损坏。因此应遵循以下原则：

1）按汽车使用说明书或国内外汽油轿车用油标号推荐表选择。应按汽车使用说明书的要求，以在正常运行条件下不发生爆燃为原则，选用适当辛烷值牌号的车用汽油。

2）根据汽车发动机压缩比 ε 选择。在没有使用说明书时，可根据发动机压缩比等因素来选择汽油牌号。一般说来，压缩比 ε 高的，应选用辛烷值较高的汽油。可参考表2-2。

表2-2 发动机压缩比与汽油牌号间的关系

汽油机压缩比	$\varepsilon < 8$	$8 < \varepsilon < 9$	$\varepsilon > 9$
汽油牌号	89	92	95
适用车型	一般货车、客车、农用车、摩托车	一般轿车、摩托车	高级轿车

3）根据使用条件选择。注意季节变化、车辆使用地区变化等外界条件对汽油选择的影响。如冬季应选择蒸汽压高的汽油，夏季应选择蒸汽压低的汽油，高原地区应选择蒸汽压低的汽油。

高原地区大气压力小，空气稀薄，汽油机工作时爆燃倾向减小，可以适当降低汽油的辛烷值。一般海拔每上升100m，汽油辛烷值可降低约0.1个单位。经常在大负荷、低转速工况下工作的汽油机，应选择较高辛烷值的汽油。

（3）汽油使用注意事项

1）发动机长期使用后，由于燃烧室积炭、水套积垢等原因，使压缩比等发生变化，爆燃倾向增加，此时应及时维护发动机。如压缩比变化后原牌号汽油不能满足需要，可考虑更换其他牌号汽油。

2）由低牌号汽油改用高牌号汽油时，可把点火提前角适当增大，以发挥高牌号汽油的性能。反之点火提前角应适当减小，以免发生爆燃。

3）在夏季或高原地区，由于气温高，气压低，易发生气阻，应加强发动机散热，使油管和汽油泵隔热，或换用饱和蒸汽压低的汽油。

4）汽车从平原驶到高原地区后，可换用较低辛烷值汽油，或适当增大点火提前角。

5）汽油不能掺入煤油或柴油，后者蒸发性和抗爆性差，会引起爆燃并严重破坏发动机润滑性能，导致发动机损坏。

6）不要使用长期存放变质的汽油，否则会使结胶、积炭更严重，这对电喷发动机工作的影响更大。同时应尽可能加满油箱，以避免蒸发损失。

7）汽油易燃、易爆、易产生静电，使用中要注意安全。

8）不能用塑料桶装汽油，不同牌号不能混放。

2. 轻柴油

柴油可分为轻柴油、重柴油等品种。轻柴油用于高速柴油机，重柴油用于中、低速柴油机。车用柴油机属于高速柴油机，所用柴油为轻柴油。

柴油机对轻柴油的基本要求：有良好的流动性，能保证在各种使用条件下顺利供给；容易喷散、蒸发，形成良好的混合气，使发动机容易起动；混合气能平稳燃烧，保证柴油机工作柔和；喷油器不结胶，燃烧室内无积炭；对发动机零件无腐蚀作用，不含机械杂质和水分，且对环境污染少等。这些要求需要一系列性能指标来保证。

（1）轻柴油的性能指标

1）低温流动性：指在低温条件下柴油具有一定的流动状态的性能。柴油的低温流动性直接影响其能否可靠供给气缸，发动机能否正常工作。评定低温流动性的参数有凝点、浊点和冷滤点。

凝点又称凝固点，指油料在一定的试验条件下，遇冷开始凝固而失去流动性的最高温度。我国轻柴油是按凝点划分牌号的。柴油的低温使用、运输和储存都要求其凝固点低于当地最低气温 3~6℃。

浊点指柴油中析出石蜡开始出现浑浊的最高温度。柴油达到浊点后虽未失去流动性，但容易造成油路堵塞。

冷滤点指在规定条件下，1min 内通过过滤器的柴油不足 20mL 的最高温度。冷滤点与柴油实际使用的最低温度有良好的对应关系，可作为选用轻柴油的依据。冷滤点一般要高于凝点 4~6℃，比浊点略低。在美国和欧洲一些国家，轻柴油是按冷滤点划分牌号的。

2）发火性：又称柴油的燃烧性，指其自燃能力。如果柴油发火性差，则会引起柴油机工作粗暴。柴油的发火性可用十六烷值评定，这是用两种发火性差异很大的烃作基准物对比得出的数值。一种为正十六烷，发火性好，规定其十六烷值为 100，另一种是 α - 甲基萘，发火性差，规定其十六烷值为 0。按不同比例将它们混合在一起，可获得十六烷值 0~100 的标准燃料。

3）蒸发性：指从液态转化为气态的难易程度。

4）安定性：包括存储安定性和热安定性。

5）黏度：表示柴油稀稠程度的一项指标，可用来表示油品的流动性能。

6）抗腐性：指柴油组织与其相接触的金属被腐蚀的能力。

7）清洁性：用灰分、水分和机械杂质等指标来评定清洁性。

（2）轻柴油的规格和牌号

目前推荐执行国标 GB 19147-2016《车用柴油》。我国按凝点将车用柴油分为 5 号、0 号、-10 号、-20 号、-35 号和 -50 号六种牌号，牌号中的数字为该柴油的凝点。

低温流动性差的柴油低温时会析出石蜡结晶或凝固，使供油中断。改善柴油低温流动性的途径主要有脱蜡、掺入二次加工柴油馏分和裂化煤油及加降凝添加剂等。

（3）轻柴油的选择与使用

1）轻柴油的选择

① 根据使用地区风险率 10% 的最低气温选用轻柴油牌号。风险率 10% 的最低气温应高于柴油的冷滤点。柴油的冷滤点一般高于凝点 3~6℃，因此风险率 10% 的最低气温在数值上高于其牌号 3~6 即可满足选用要求。

② 在气温允许的情况下尽量选用高牌号柴油。柴油牌号并非越低越好。首先，低牌号柴油凝点低，炼制工艺复杂、生产成本高；其次，柴油凝点越低燃烧性越差，使用时燃烧滞后期长，容易发生工作粗暴现象。因此，在气温允许的情况下应尽量选用高牌号柴油。

③ 注意季节气温变化对用油的影响。对于那些季节气温变化较大的地区，如黑龙江、内蒙古和新疆等，应特别注意季节气温变化对用油的影响，及时改用合适牌号的柴油。

2）轻柴油的使用注意事项

① 不同牌号的柴油可掺兑使用，以降低高凝点柴油的凝点。但应注意凝点的调整无严格的加成关系。例如 -10 号和 -20 号柴油等比例掺兑后，其凝点不是 -15℃，而是在 -14~-13℃ 之间。也可在轻柴油中掺入 10%~40% 裂化煤油以降低凝点，掺兑后应注意搅拌均匀。

② 不能在柴油中掺入汽油，因为汽油发火性很差，掺进汽油会导致起动困难，甚至不能起动。

③ 低温起动时可采取预热措施，对进气管、机油及蓄电池等预热有利于起动。也可采用蒸发性好、自燃点低，又有一定十六烷值的低温起动液。低温起动液不能加入油箱与柴油混用，否则会造成气阻。

④ 要做好柴油净化工作。使用柴油前要经沉淀和过滤，沉淀时间不少于 48h，以除去杂质。

3. 汽车代用燃料

在石油资源日益减少，环境污染日益严重的双重压力下，开发和寻求污染较少、价格低廉的汽车代用燃料已成为当务之急。汽车代用燃料必须具备资源丰富、热值高、能量大、安全无毒、污染少、价格低及使用方便等特点。此外，它还必须与目前汽车供油系统兼容或只进行简单改装即可使用。目前正在开发的汽车代用燃料主要有醇类、天然气、液化石油气和合成燃料等。上述代用燃料有的可单独使用，有的可与汽油、柴油混合使用。我国目前大力推广的代用燃料主要是乙醇汽油、天然气和液化石油气。

（1）醇类燃料

醇类燃料主要指甲醇和乙醇。醇类燃料来源广泛，价格较低，具有辛烷值高、热值低、储存和使用方便、排放污染少等特点。醇类燃料在技术和成本方面已经实现实用化。

2001 年，我国制定了乙醇燃料发展计划，确定在河南、吉林和黑龙江三省设立燃料乙醇试点项目，并相继制定了 GB 18350 - 2001《变性燃料乙醇》和 GB 18351 - 2004《车用乙醇汽油》两项国家标准，开始推广含 10% 乙醇的车用乙醇汽油的混合燃料。汽车用乙醇汽油现行标准是 GB 18351 - 2015《车用乙醇汽油》。

乙醇汽油的主要牌号有 E89 号、E92 号和 E95 号等，即在汽油牌号前加字母 E 作为车用乙醇汽油的牌号，牌号中的数字表示汽油的研究法辛烷值。车用乙醇汽油应按照发动机的压缩比进行合理选择，见表 2-3，以获得最佳匹配效果。

表 2-3　发动机压缩比与车用乙醇汽油牌号间的关系

汽油机压缩比 ε	7.5 ~ 8.0	8.0 ~ 8.5	8.5 ~ 9.0	9.0 以上
乙醇汽油牌号	E90	E93	E95	E97

（2）天然气

天然气是各种代用燃料中最早被广泛使用的一种。天然气汽车自 20 世纪 30 年代就开始在意大利使用。我国的天然气汽车工业发展则始于 20 世纪 80 年代。

天然气主要成分是甲烷，根据其存在形式不同可分为压缩天然气（Compressed Natural Gas，CNG）和液化天然气（Liquified Natural Gas，LNG）两种。天然气汽车是能以天然气为燃料工作的汽车。根据天然气的储存形式，天然气汽车分为压缩天然气汽车和液化天然气汽车。液化天然气对储存要求较高，在一定程度上限制了液化天然气汽车的发展。

（3）液化石油气

液化石油气（Liquified Petroleum Gas，LPG）价格便宜，容易液化，储存和使用方便，其配套设施，例如加气站等的建设费用也比较低。液化石油气作为汽车代用燃料，近年来发展较快。但是液化石油气是石油开采和炼制过程中的伴随物，受到自然资源的限制，不可能成为稳定的汽车代用燃料。

二、汽车润滑剂

汽车润滑剂主要包括内燃机润滑油、齿轮油和润滑脂等，其主要作用是减缓汽车零部件的磨损，保证汽车正常运行。内燃机润滑油主要是对发动机的曲轴、连杆、活塞、凸轮轴和气门等摩擦零件进行润滑。齿轮油主要用于变速器、后桥齿轮等传动机构摩擦处的润滑。润滑脂主要用于汽车传动轴、轮毂轴承、钢板弹簧销、转向节销和万向节销等部位的润滑。

1. 内燃机润滑油（机油）

机油是汽车的"血液"。发动机内部有诸多相互摩擦的金属部件，这些摩擦部件的相对运动速度快、工作温度高（可达 400 ~ 600℃）、工作环境恶劣。在这样恶劣的条件下，只有符合标准的机油才能满足发动机正常运转的需要，从而降低磨损，延长发动机的使用寿命。

（1）机油的作用

机油的功能有润滑、密封、冷却和清洗。

润滑：在两个摩擦副表面间建立油膜，油膜将摩擦副中相对滑动的摩擦表面隔开，从而实现润滑减磨的作用，如图 2-6 所示。

密封：机油可在活塞环、活塞、气缸壁之间形成一个完整的密封油膜，减少气体的泄漏，从而起到密封的作用。

冷却：机油能将金属摩擦所产生的热量与燃烧所产生的热量，通过热传导带回油底壳再散发至空气中，从而实现冷却发动机的作用。

清洗：机油通过循环流动，冲洗发动机各组成零件表面，并将发动机运转产生的碳化物、污物、磨损金属颗粒带回油底壳，从而起到清洗作用，如图 2-7 所示。

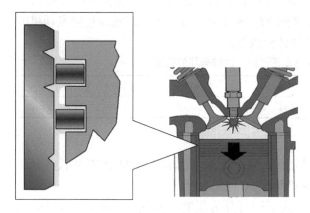

图 2-6　密封润滑作用

图 2-7　冷却清洗作用

（2）机油黏度

黏度表明了物质分子对于物质移动的阻力程度，它是对液体流动性的评价指标。因此，机油的黏度是对机油流动性进行评价的指标。

如图 2-8 所示，通常情况下，机油的黏度随温度的升高而降低，随温度的降低而升高。这种机油黏度与温度的关系，称为黏温特性。

（3）机油的等级

机油等级对发动机运行有非常大的影响，目前主要的机油等级划分有 API（美国石油学会）、SAE（美国汽车工程师协会）和 ACEA（欧洲汽车制造协会）三种标准。

1）SAE 对机油的等级划分。SAE 以机油的黏度为标准，对其进行等级划分。

例如"5W-30"，这是 SAE 标准下机油的一个等级编号，如图 2-9 所示，其中"W"表示冬季用机油，"5"表示低温流动性（也称低温黏度），5W 适合在 -30℃ 的低温环境中使用。"30"表示机油耐高温指标，数值越大说明机油适用温度越高。

图 2-8　机油黏温特性示意图

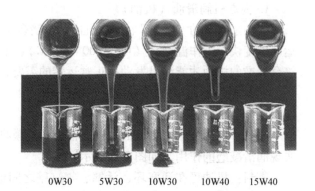

图 2-9　SAE 标准与机油黏度的关系

2）API 对机油的等级划分。API 以机油的质量为标准，对其进行等级划分。

API 标准采用简单的两位英文字母代码描述发动机机油的工作能力。其中，第一位代码，"S"代表汽油机用机油，"C"代表柴油机用机油。第二位代码，按照英文字母排列顺序表示机油的质量等级，字母顺序越靠后表示机油等级越高。

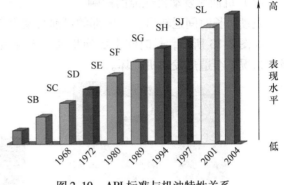

图 2-10　API 标准与机油特性关系

如图 2-10 所示，API 标准下 SJ 与 SM 两种级别汽油机用机油相比，SM 级机油的等级高于 SJ 级机油。

3）ACEA 对机油的等级划分。ACEA 以机油在实际使用中黏度保持在其原有黏度级别内的能力为标准，对机油的等级进行划分。

ACEA 标准机油的每个等级编号由字母和数字组成，如图 2-11 所示，英文字母表示应用领域：A 为轿车用汽油机，B 为轿车用柴油机，E 为货车用柴油机；数字表示品质：1 为特殊要求，2 为通常要求（标准），3 为严格要求。

API 与 ACEA 对机油等级划分的标准不同，理解和记忆可能存在一定困难，为此，以下列举轿车用汽油发动机机油在 ACEA 标准等级与 API 标准等级下的对应关系：

1）ACEA 标准 A1——经济燃油，低黏度，相当于 API 标准 SJ 级别（半合成及全合成机油）。

2）ACEA 标准 A2——主要产品区间，相当于 API 标准 SG、SF 级别（矿物机油及半合成机油）。

3）ACEA 标准 A3——较高等级产品，相当于 API 标准 SL 级别（半合成及全合成机油）。

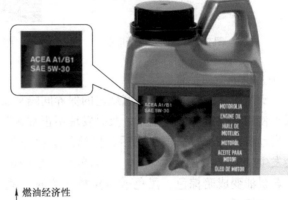

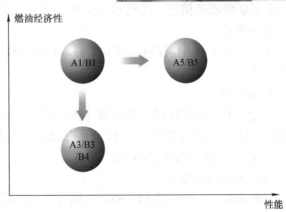

图 2-11　ACEA 标准与机油特性关系

4）ACEA 标准 A4L、A5——最高等级产品，相当于 API 标准 SM 级或以上级（全合成机油）。

（4）五菱机油

为保证五菱车型的发动机有更好的润滑效果，上汽通用五菱汽车公司推出了专用的五菱汽车发动机润滑油。如图 2-12 所示，使用专用发动机润滑油基于三个原因：实现提高燃烧效率和减少发动机排放的目标，延长发动机使用寿命，延长换油周期。

（5）机油对发动机性能的影响

发动机长时间运转后，其内部的机油会发生变质状况，因此需要定期更换。

如图 2-13 所示，长时间不更换机油会造成发动机内油泥和积炭增加，影响润滑效果，极限情况下会造成发动机损坏。

图 2-12　五菱专用机油

图 2-13　机油对发动机的影响

（6）机油变质检查

一般来说，应根据生产厂家规定的保养间隔来安排发动机润滑油的更换计划。同时，也应根据使用状况定期进行检查，及时发现不正常状况。

发动机正常运转一段时间后，机油的颜色与黏度都会发生变化。如图 2-14 所示，正常的机油是淡黄色的，若机油变成暗棕色、黑色或有焦糊味道时，就表明需要更换了。

注意：五菱公司建议机油每 6 个月或行驶 5000km 更换一次。

新机油　　　　旧机油

图 2-14　机油检查

2. 齿轮油

齿轮油用于汽车机械式变速器、驱动桥及转向器的齿轮、轴承和轴等零件的润滑，具有减磨、冷却、清洗、密封、防锈和降噪等作用。

（1）齿轮油的分类

目前国际上广泛采用美国 SAE 车辆齿轮油黏度分类法和美国 API 车辆齿轮油使用性能分类法，而我国也有相应的分类方法。

1）SAE 车辆齿轮油黏度分类法。该分类的黏度级有 70W、78W、80W、85W、90、140 和 250，两组共七种。带字母 W 的为冬季用齿轮油，不带字母 W 的为非冬季用齿轮油。

2）API 车辆齿轮油使用性能分类。按齿轮油负荷承载能力和使用场合不同，API 将手动变速器和驱动桥齿轮油分为六个级别：GL-1、GL-2、GL-3、GL-4、GL-5 和 GL-6。

3）我国车辆齿轮油分类。现行标准为 GB/T 17477—2012《驱动桥和手动变速器润滑剂黏度分类》，其分类方法与 SAE 车辆齿轮油黏度分类相同，而按车辆齿轮油的使用性能只分为 CLC、CLD 和 CLE 三类。其中，CLC 相当于普通车辆齿轮油，CLD 相当于中负荷车辆齿轮油，CLE 相当于重负荷车辆齿轮油，分别与 API 使用分类中的 GL-3、GL-4 和 GL-5 相对应。

（2）车辆齿轮油的规格和牌号

普通车辆齿轮油（GL-3）适用于中等速度和负荷比较苛刻的手动变速器和螺旋锥齿轮驱动桥，有 80W/90、85W/90 和 90 这三个黏度牌号。其规格在 GB/T 28767—2012《普通车辆齿轮油》中规定。

中等负荷车辆齿轮油（GL-4）适用于低速高转矩、高速低转矩下操作的各种齿轮，特别是客车和其他各种车辆的准双曲面齿轮，有 80W/90、85W/90 和 90 这三个黏度牌号，其规格在 JT/T 224—2008《中负荷车辆齿轮油》中规定。

重等负荷车辆齿轮油（GL-5）适用于高速冲击负荷、高速低转矩和低速高转矩下操作的各种齿轮，特别是客车和其他各种车辆的准双曲面齿轮，有 75W、80W/90、85W/90、85W/140、90 和 140 这六个黏度牌号，其规格在 GB 13895—2006《重负荷车辆齿轮油》中规定。

对于特定的车辆齿轮油应写成 GL-4 90、GL-5 80W/90。90 号是一种单级油，80W/90 则是一定地区范围内的冬夏通用油。

（3）车辆齿轮油的选择与使用

1）车辆齿轮油的选择。应按车辆使用说明书的规定选择与该车相适应的齿轮油品种和牌号，还可以参照下列原则选油。

① 根据齿轮类型和工作条件来选择齿轮油的品种，即使用级。车辆齿轮油的使用级别，应按照汽车使用说明书中的规定或根据传动机构工作条件的苛刻程度来选择。

② 根据使用环境最低温度和传动装置最高油温来选择齿轮油的牌号，即黏度级。车辆齿轮油的最低黏度级别，应根据最低气温和最高油温，同时考虑车辆齿轮油换油周期较长等因素来选择。

2）车辆齿轮油使用的注意事项

① 不同等级的车辆齿轮油不能混用，且不能将使用级（品种）较低的齿轮油用在要求较高的车辆上。如将普通齿轮油加在准双曲面齿轮驱动桥中，则会使齿轮很快磨损和损坏。使用级较高的齿轮油可用在要求较低的车辆上，过多降级使用在经济上并不合算。

② 不要认为高黏度齿轮油的润滑性能好。使用黏度牌号太高的齿轮油，会使燃料消耗显著增加，对高速轿车影响更大，应尽可能使用合适的多级齿轮油。

③ 齿轮油油面一般要加到与齿轮箱加油口下缘平齐，不能过高或过低，应经常检查各齿轮箱是否渗漏，并保持各油封、衬垫完好。

④ 齿轮油的使用寿命较长，例如使用单级油，在换季维护时应换用不同的黏度牌号。放出的旧油若不到换油指标，则可在再次换油时使用。旧油应妥善保管，严防水分、机械杂质和混油污染。

⑤ 应按规定的换油指标换用新油。无油质分析手段时，可按期换油。国外推荐的换油周期是 5~12 万 km，我国换油周期为 4~5 万 km，可结合车辆定期维护情况换油。SH/T 0475-1992 推荐的换油里程为 4.5 万 km。换油时应趁热放出旧油，并清洗齿轮箱。

3. 润滑脂

润滑脂俗称黄油，是在基础油（润滑油）中加入稠化剂和添加剂后，形成的一种稳定固体或半固体产品。润滑脂在常温下可附着于垂直表面不流失，并能在敞开或密封不良的摩擦部位工作，用于汽车（及其他工程机械）上不宜采用润滑油的部位，例如轮毂轴承、各拉杆球节、发电机轴承、水泵轴承、离合器轴承及传动轴花键等。润滑脂的缺点是功率损失大、流动性差、散热和清洗能力差、固体杂质混入后不易清除等。

（1）润滑脂的分类

根据 GB/T 7631.9—2014 的规定，我国润滑脂的分类参照国际标准化组织的分类方法。润滑脂属于 L 类（润滑剂和有关产品）的 X 组。例如 L－XCCHA2 表示最低操作温度为 －30℃，最高操作温度为 120℃，淡水存在下防锈，低负荷，稠度等级 2 的非极压型润滑脂，相当于汽车通用的锂基润滑脂。

（2）汽车常用润滑脂的规格和牌号

1）钙基润滑脂。钙基润滑脂俗称黄油，是由动植物脂肪与石灰制成的钙皂稠化矿物润滑油，以水作为胶溶剂制成。它的特点是抗水性强，耐热性差，常作为汽车轮毂轴承、底盘拉杆球节、水泵轴承和分电器凸轮的润滑剂。

2）钠基润滑脂。钠基润滑脂是以动植物脂肪，脂肪酸与氢氧化钠反应制成的钠皂稠化中等黏度的矿物油制成的润滑脂。它的特点是熔点很高，滴点达到 160℃，耐热性好，可在 120℃温度条件下较长时间工作，并有较好的承压抗磨性能，可适应较大的负荷。但遇水易乳化变质，即抗水性差，不能用在潮湿环境或与水接触的零部件上。

3）汽车通用锂基润滑脂。汽车通用锂基润滑脂由脂肪酸锂皂稠化低凝点矿物油并加防锈剂和抗氧化剂制成。它具有良好的机械安定性、胶体安定性和抗水性。适用于 －30 ～ 120℃温度条件下工作的汽车轮毂轴承、底盘、水泵和发电机等各摩擦部位的润滑，是普遍推荐使用的汽车通用润滑脂。

4）极压复合锂基润滑脂。极压复合锂基润滑脂与汽车通用锂基润滑脂的区别是有更高的极压抗磨性，适用于 －20 ～160℃的温度条件，高负荷机械设备的齿轮和轴承润滑。部分高性能进口汽车推荐使用极压复合锂基润滑脂。

5）石墨钙基润滑脂。石墨钙基润滑脂是由动植物油钙皂稠化中等黏度的矿物油，加 10%鳞片状石墨制成的。它具有良好的抗水性和抗碾压性能，滴点为 80℃，适合重负荷、低转速和粗糙的机械润滑，以及汽车钢板弹簧、起重机齿轮转盘等承压部位润滑。

（3）润滑脂的选择与使用

1）润滑脂的选择。应根据车辆和机械设备使用说明书的规定，选用与用脂部位操作条件相适应的润滑脂品种和稠度牌号。

2）润滑脂使用注意事项

① 轮毂轴承是主要用脂部位。

② 在轮毂轴承润滑脂严重断脂、分层或软化流失前必须更换，普遍做法是在二级维护时换脂。

③ 按使用说明书的规定及时向各润滑点注脂。

④ 石墨钙基润滑脂因含有石墨而不能用于高速轴承，否则会导致轴承损坏，而汽车钢板弹簧则必须使用石墨钙基润滑脂。

⑤ 各种稠化剂制成的润滑脂不能相互掺混，否则可能破坏其胶体结构而失去原有的性能。

⑥ 润滑脂一旦混入杂质便难以除去，在保存、分装和使用时应严格防止灰尘、沙石和水分等外界杂质污染。

⑦ 不能用报纸、牛皮纸盒和木桶盛放润滑脂，以免基础油渗出，使润滑脂失效。

⑧ 润滑脂不能与润滑油混用。

三、汽车工作液

汽车工作液指用来保障汽车正常工作和安全行驶的各种工作介质，包括液力传动油、汽车制动液、发动机冷却液、空调制冷剂和减振器油等。

1. 液力传动油

自动变速器的工作介质是液力传动油，又称汽车自动变速器油，英文简写为 ATF（Automatic Transmission Fluid）。液力传动油的作用是在液力变矩器内实现动力传递，在自动变速器内实现控制和动力传递，以及润滑有关摩擦副。

（1）液力传动油的牌号

按中国石油化工总公司企业标准有 6 号液力传动油和 8 号液力传动油两种，另有一种是拖拉机传动、液压两用油。

6 号液力传动油是以深度精制的石油馏分，加入抗氧、抗磨、防锈、降凝和抗泡等添加剂制成的，适用于内燃机车、载货汽车的液力变矩器，接近于 PTF-2 级油。

8 号液力传动油是以润滑油馏分经脱蜡、深度精制，加入增黏、降凝、抗氧、抗腐、防锈、抗磨和抗泡等多种添加剂制成的。它是红色透明液体，适用于各种装配自动变速器的汽车，接近于 PTF-1 级油。

（2）液力传动油的选择与使用

1）液力传动油的选择。应按车辆使用说明书的规定，选用适当品种的液力传动油。

目前世界各国普遍使用美国生产的液力传动油（自动变速器油），主要有通用公司生产的 Dexron、Dexron Ⅰ、Dexron Ⅱ 型和福特公司生产的 E、F 型。我国部分国产汽车和进口汽车使用美国通用公司生产的 Dexron Ⅱ 型和福特公司生产的 F 型自动变速器油。进口轿车要求用 GM-A 型、A-A 型或 Dexron 型自动变速器油的均可用 8 号油代替。

2）液力传动油使用注意事项

① 保持油温正常。长时间重载低速行驶会使油温上升，加速油的氧化变质，形成沉积物和积炭，阻塞小的通孔和油液循环的管路，导致自动变速器进一步过热，最终使自动变速器损坏。

② 经常检查油平面。车辆停在平地上，发动机保持运转，液力传动油应在正常工作温度下。车辆在长途行驶或拖带挂车后，要静置30min后再检查。此时油面应在自动变速器量油尺上下两刻线之间，不足时应及时添加。若油面下降过快，则可能发生渗漏，应及时排除故障。

③ 按车辆使用说明书的规定更换液力传动油和过滤器（或清洗滤网），同时拆洗自动变速器油底壳，并更换密封垫。通常每行驶 1 万 km 检查一次油面，每行驶 3 万 km 应更换新油。

④ 在检查油面和换油时，注意油的状况。在手指上擦少许油，并用手指互相摩擦感受是否有渣粒存在，还应闻一闻油的气味，通过一系列感观检查，可发现部分问题。

⑤ 液力传动油是一种专用油，不能与其他油品混用。

2. 汽车制动液

汽车制动液俗称刹车油，用于在汽车液压制动系统中传递压力，是制止车轮转动的工作介质。现代汽车使用的制动液主要是合成型制动液。

（1）制动液的品种、规格和牌号

我国制动液的品种按 GB 12981—2012《机动车辆制动液》进行分类。该标准是参照国际通行的美国汽车工程师协会标准、美国联邦机动车辆安全标准和国际标准化组织标准制订的。根据制动液高温抗气阻性从低到高分为 HZY3、HZY4 和 HZY5、HZY6 四级。该标准的系列代号由符号（HZY）和标记（阿拉伯数字）两部分组成。其中，H、Z、Y 分别为合成、制动和液体第一个汉字的汉语拼音首字母，阿拉伯数字表示等级号。

（2）制动液的选择

车辆使用和维修人员首先应按照车辆使用说明书上的规定选择相应的制动液产品。选用制动液产品时，一般遵循以下原则：

1）选用的制动液产品质量等级应等于或高于车辆制造厂家规定的制动液质量等级。

2）所选用的制动液产品类型应与车辆制造厂家规定的制动液产品类型相同。

3）尽量选择正规厂家生产的性能稳定、质量有保证的制动液产品。

4）选择合成制动液。

（3）使用制动液的注意事项

1）制动液中混有矿物油时，应全部更换制动液。

2）不同类型或不同牌号的制动液不得混合使用。

3）当制动液中混入、吸收水分，或发现制动液有杂质或沉淀物时，应更换或进行认真过滤，否则会造成制动压力不足，从而影响制动效果。

4）制动液对车身涂层有一定的破坏作用，会产生"咬漆"现象，因此在使用过程中要防止制动液与车身涂层接触。

5）车辆在正常行驶中，若出现制动忽轻忽重的情况，则应更换制动液，更换前应用酒精将制动系统清洗干净。

6）车辆制动跑偏时，应对制动系统进行全面检查。若发现个别制动轮缸皮碗膨胀过大，则说明制动液质量存在问题，应更换质量好的制动液，并更换新皮碗。

7）制动液应放置在密封容器内保存，不得敞口或露天存放，以防水分混入或吸收潮气。否则会使制动液沸点下降，从而使制动管路中产生气阻。

8）换季时，尤其在冬季，若发现制动无力，制动效果下降，则可能是制动液级别不适应冬季气候，应更换低温黏度偏小的制动液。

9）加注或更换制动液时应使用专业工具。制动液产品一般有一定毒性，因此更换时不能用嘴吸制动液。

10）更换制动液后，应放出制动管路中的空气，放气的基本原则是"由远而近，由上而下"，逐个进行。

11）汽车制动液多以有机溶剂制成，易挥发、易燃，因此使用中要注意防火。

3. 减振器油

减振器油是汽车减振器的工作介质。

长城牌汽车减振器油是专门为汽车减振器开发的特殊产品，采用深度精制高黏度指数基础油和多种功能添加剂调配而成，并可以根据减振器的推荐使用寿命选择不同规格的减振器油品。

（1）性能特征

1）卓越的高、低温性能，多气候和物候使用条件，在 -45 ~ 50℃ 的环境温度下均可顺利使用。

2）超高黏度指数，极佳的黏温性能，确保优异的黏度稳定性。

3）超强的抗氧化性能，有效延长减振器部件的使用寿命。

4）优异的抗磨、减摩性能，有效保护减振器的部件。

5）独特的平衡配方体系，良好的泡沫稳定性和橡胶相容性，保证减振器部件的正确平稳使用。

（2）技术规格

产品符合规格：Q/SH303 094—2007。

（3）应用范围

适用于各种苛刻条件下汽车液压减振器的使用。

（4）减振器油牌号

长城减振器油牌号见表2-4。

表2-4 长城减振器油牌号

项目	汽车减振器油		
产品牌号	I	II	III
运动黏度（100℃）/mm²/s	3.364	3.282	3.326
运动黏度（40℃）/mm²/s	11.36	11.17	11.64
黏度指数	187	179	170
闪点（开口）/℃	182	180	188
倾点/℃	56	51	51

第三章　发动机基本知识

● **学习要点:**

1) 汽车发动机的分类。
2) 发动机基础术语。
3) 四冲程发动机工作原理。

● **学习目标:**

1) 能够简述汽车发动机的不同分类原则。
2) 能够解释发动机常用基础术语。
3) 能够复述四冲程发动机的工作原理。

第一节　汽车发动机基本知识概述

1867 年,德国人奥托 (Nicolaus August Otto) 提出了内燃机的四冲程理论,为内燃机的发明奠定了理论基础。随后,德国人戴姆勒和卡尔·本茨根据奥托的内燃机原理,分别研制出具有现代意义的汽油发动机,为汽车的发展铺平了道路。

一、汽车发动机的分类

汽车发动机可根据燃料类型、冷却方式及气缸布置方式等不同原则进行分类。

1. 根据燃料类型分类

根据发动机使用的燃料,可分为汽油发动机、柴油发动机、双燃料发动机、多种燃料发动机等,如图 3-1 和图 3-2 所示。

图 3-1　汽油机　　　　　　　　　图 3-2　柴油机

五菱品牌汽车主要使用汽油发动机，同时也在使用可以天然气、液化石油气和其他气体为燃料的双燃料发动机。

汽油发动机根据燃料注入形式不同，又分为进气歧管喷射发动机、缸内直喷发动机和混合喷射发动机。

柴油发动机根据燃油系统的不同，可分为机械泵式燃油系统和电控共轨燃油系统等。

2. 根据发动机行程分类

根据发动机行程可分为二冲程发动机、四冲程发动机等。

（1）二冲程发动机

发动机曲轴旋转一周，活塞完成两个行程的发动机叫作二冲程发动机，如图3-3所示，通常用在摩托车等轻型车辆上。

（2）四冲程发动机

发动机曲轴旋转两周，活塞完成四个行程的发动机叫作四冲程发动机，如图3-4所示，汽车通常使用这类发动机。

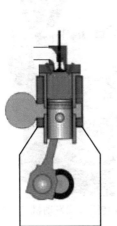
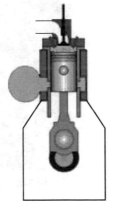

图3-3　二冲程发动机　　　　　　　图3-4　四冲程发动机

3. 根据发动机冷却方式分类

根据发动机冷却方式可分为水冷发动机、风冷发动机等。

（1）水冷发动机

使用冷却液对发动机进行温度控制的冷却方式，叫作水冷发动机，如图3-5所示。

（2）风冷发动机

使用空气对发动机进行温度控制的冷却方式，叫作风冷发动机，如图3-6所示。

4. 根据活塞运动形式分类

根据发动机活塞形式，可分为往复活塞式发动机、旋转活塞式（转子）发动机等。

（1）往复活塞式发动机

往复活塞式发动机的活塞在气缸内做竖直往复运动，驱动曲轴做旋转运动，如图3-7所示。

（2）旋转活塞式（转子）发动机

旋转活塞式发动机（也叫转子发动机或汪克尔发动机）的活塞在气缸内做旋转运动，

同时驱动曲轴旋转，如图 3-8 所示。

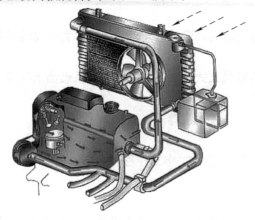

图 3-5　水冷发动机

图 3-6　风冷发动机

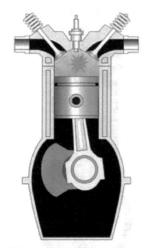

图 3-7　往复活塞式发动机

图 3-8　旋转活塞式发动机

5. 根据气缸布局分类

根据发动机气缸的布局可分为直列发动机、V
型发动机、水平对置发动机和 W 型发动机等。

（1）直列发动机

直列发动机的气缸呈一字排列，如图 3-9 所
示。五菱品牌汽车目前主要采用此类气缸布局。

优点：

1）缸体、缸盖和曲轴结构简单。

2）制造成本低。

3）尺寸紧凑，应用广泛。

缺点：功率较低。

（2）V 型发动机

发动机的气缸在竖直方向上以一定夹角排列，如图 3-10 所示。

图 3-9　直列发动机

优点：

1）结构紧凑，占用空间小。

2）布置方便。

缺点：结构复杂，制造成本较高。

（3）水平对置发动机

水平对置发动机的气缸夹角为180°，如图3-11所示。

优点：车身低，行驶平稳。

缺点：制造成本和工艺难度相当高。

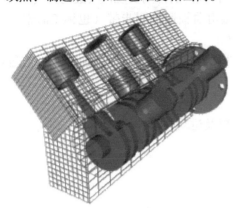 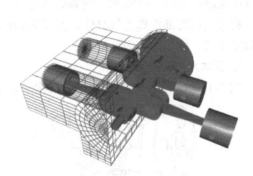

图 3-10　V 型发动机　　　　　　图 3-11　水平对置发动机

6. 根据进气方式分类

根据发动机的进气方式可分为自然进气发动机和增压发动机等。

（1）自然进气发动机

自然进气发动机没有任何进气增压装置，完全靠活塞运动时产生的负压吸入空气及可燃混合气，如图3-12所示。

（2）增压发动机

增压发动机将进入气缸的空气预先进行压缩，以提高气缸内的空气密度，从而使充气质量增加，同时在供油系统的配合下，使更多燃油较好燃烧，达到提高动力性和比功率、改善燃油经济性、降低废气排放和噪声的目的，如图3-13所示。

图 3-12　自然进气发动机　　　　　　图 3-13　增压发动机

二、发动机基本术语

1. 基本结构

往复活塞式发动机的基本结构如图3-14所示。气缸6内装有活塞8，活塞8通过活塞销与连杆9的小端铰接，连杆9的另一端则与曲轴10相连，构成曲柄连杆机构。因此，当活塞在气缸内做往复运动时，通过连杆推动曲轴转动。

气缸的顶部用气缸盖密封。在气缸盖上装有进气门和排气门。进、排气门头部朝下倒挂在气缸盖上，属于气门顶置式配气机构。通过进、排气门的开闭实现向气缸内充气和向气缸外排气。进、排气门的开闭由凸轮轴控制。凸轮轴由曲轴通过同步带（也称正时带）或齿轮或链条驱动旋转，凸轮轴与曲轴的转速比为1:2。

构成气缸的部件称为气缸体，支承曲轴的部件称为曲轴箱。现代发动机通常将气缸体与曲轴箱铸成一体，简称为气缸体。

2. 基本术语

图3-15所示为发动机能量转换机构的基本组成及运动关系。

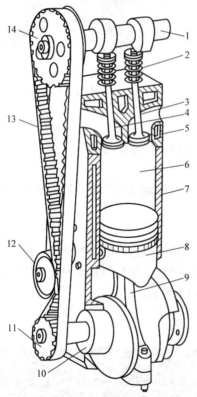

图3-14 往复活塞式发动机的基本结构

1—凸轮轴 2—气门弹簧 3—进气门 4—排气门 5—气缸盖
6、7—气缸 8—活塞 9—连杆 10—曲轴 11—曲轴同步带轮
12—张紧轮 13—同步带 14—凸轮轴同步带轮

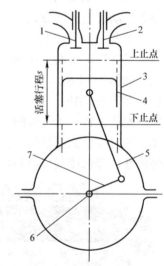

图3-15 发动机示意图

1—进气门 2—排气门 3—气缸 4—活塞
5—连杆 6—曲轴中心 7—曲柄

（1）活塞上止点、下止点及行程

1）活塞上止点、下止点。活塞顶距曲轴回转中心最远处为上止点，活塞顶距曲轴回转中心最近处为下止点。在上、下止点处，活塞的运动速度为零，如图3-16所示。

2）活塞行程（S）。活塞从一个止点运动到另一止点的距离（mm），即上、下止点之间的距离称为活塞行程，如图 3-17 所示。

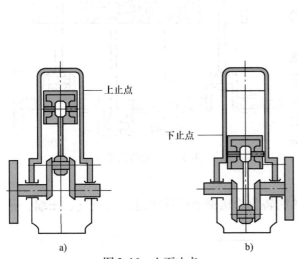

图 3-16　上下止点

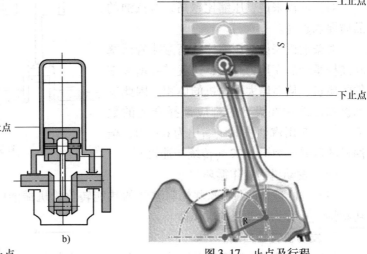

图 3-17　止点及行程

3）曲柄半径（R）。与连杆下端（即连杆大头）相连的曲柄销中心到曲轴回转中心的距离（mm）。曲轴每转一周，活塞移动两个行程。

（2）发动机容积与排量

1）燃烧室容积（V_c）。活塞位于上止点时，其顶部与气缸盖之间的容积称为燃烧室容积，如图 3-18 所示。

2）气缸工作容积（V_s）。活塞从一个止点运动到另一个止点所扫过的容积，称为气缸工作容积，也称气缸排量，单位为 L。

$$V_s = \pi D^2 S / (4 \times 10^6) \qquad (3-1)$$

式中　D——气缸直径（mm）；

　　　S——活塞行程（mm）。

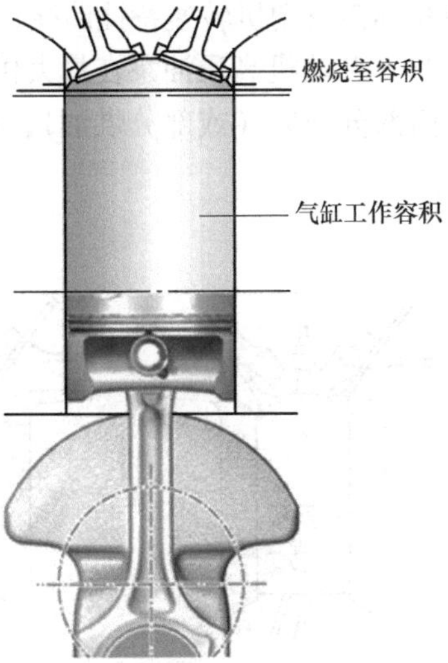

3）气缸总容积（V_a）。气缸总容积是气缸工作容积和燃烧室容积之和，即 $V_a = V_s + V_c$。

4）发动机工作容积（V_L）。发动机所有气缸工作容积之和即发动机工作容积，也称发动机排量，如图 3-19 所示。设发动机的气缸数为 i

$$V_L = iV_s \qquad (3-2)$$

图 3-18　气缸容积

式中　i——气缸数；

　　　V_s——气缸工作容积（L）。

（3）压缩比（ε）

压缩比是气缸总容积与燃烧室容积之比，即

$$\varepsilon = V_a / V_c = (V_s + V_c)/V_c = 1 + V_s/V_c \qquad (3-3)$$

它表示活塞由下止点运动到上止点时，气缸内气体被压缩的程度。压缩比越大，压缩终了时气缸内的气体压力和温度就越高，如图 3-20 所示。

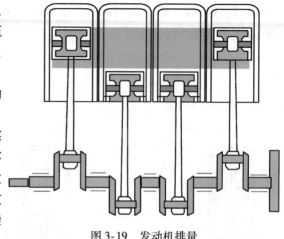

对汽油机来说，压缩比越高，对汽油的品质要求越高。

对柴油机来说，压缩比越高意味着活塞和连杆承受的作用力越大，这就需要增大零件的质量，从而增大发动机的体积。因此发动机的压缩比在设计时都应选择合适的数值。一般车用汽油机的压缩比为 6～10，柴油机的压缩比为 15～22（传统柴油机）。

图 3-19 发动机排量

（4）发动机的工作循环

在气缸内进行的每一次将燃料燃烧的热能转化为机械能的连续过程（进气、压缩、做功和排气）称为发动机的工作循环。

3. 发动机特性曲线

将发动机功率、转矩以及燃油消耗率与发动机曲轴转速之间的函数关系以曲线表示，该曲线称为发动机转速特性曲线，简称发动机特性曲线，如图 3-21 所示。如果发动机节气门全开（柴油机高压油泵在最大供油量位置），则此特性曲线称为发动机外特性曲线；如果节气门部分开启（或部分供油），则称为发动机部分负荷特性曲线。

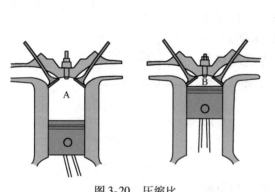

图 3-20 压缩比

A—气缸总容积　B—燃烧室容积

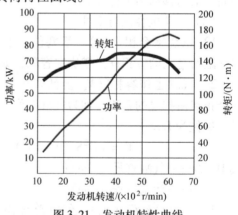

图 3-21 发动机特性曲线

第二节 四冲程发动机工作原理

一、四冲程汽油发动机工作原理

四冲程发动机完成一个工作循环，曲轴转两周（720°），活塞上下往复运动四次。四冲程汽油发动机每完成一个工作循环需要经过进气、压缩、膨胀（做功）和排气四个行程，如图 3-22 所示。为了分析工作循环力 P 与活塞处于不同位置的气缸容积 V 之间的关系，通常要借助发动机循环示功图。示功图中，曲线所围成的面积表示发动机一个工作循环中气体在单个气缸内所做的功。四冲程汽油机的示功图（表示活塞在不同位置时气缸内气体压力的变化情况）如图 3-23 所示。

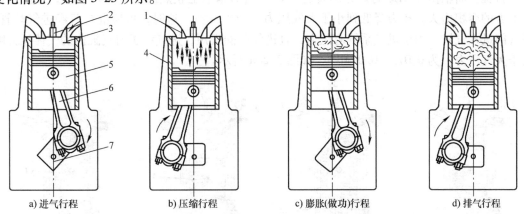

a) 进气行程　　　b) 压缩行程　　　c) 膨胀(做功)行程　　　d) 排气行程

图 3-22　四冲程汽油机工作原理示意图

1—排气门　2—火花塞　3—进气门　4—气缸　5—活塞　6—连杆　7—曲轴

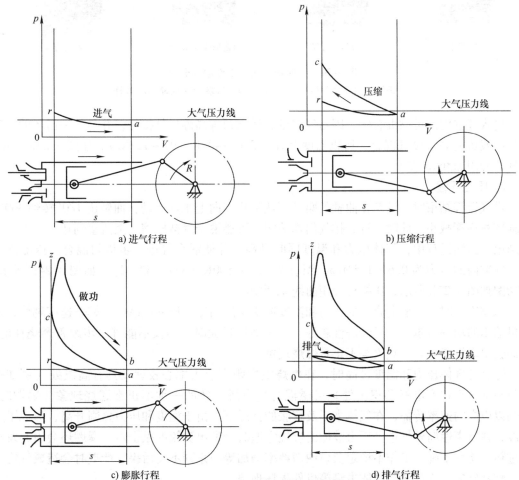

a) 进气行程　　　b) 压缩行程

c) 膨胀行程　　　d) 排气行程

图 3-23　四冲程汽油机示功图

1. 进气行程

进气行程开始时，进气门开启，排气门关闭，活塞在曲轴驱动下从上止点向下止点移动一个行程，曲轴由0°沿顺时针方向转过180°。当活塞从上止点向下止点移动时，气缸内活塞上方的容积增大，压力降低到小于大气压力，产生真空。这时，可燃混合气经进气歧管、进气门进入气缸。由于进气系统有阻力，且进气时间很短，进气终了时气缸内的气体压力略低于大气压力，为0.075~0.09MPa，如图3-24a所示。

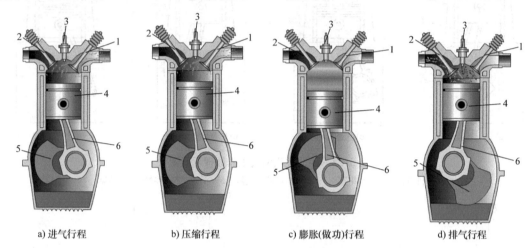

a) 进气行程　　　　b) 压缩行程　　　　c) 膨胀(做功)行程　　　　d) 排气行程

图3-24　四冲程汽油机工作原理简图
1—进气门　2—排气门　3—火花塞　4—活塞　5—曲轴　6—连杆

进入气缸内的可燃混合气，因与气缸壁、活塞顶等高温机件接触，并与前一循环的排气行程中残留的高温废气混合，所以温度上升到370~400K（97~127℃）。如图3-23a所示，进气行程用曲线 ra 表示。

2. 压缩行程

进气行程结束时，活塞在曲轴的驱动下从下止点向上止点运动，曲轴由180°转到360°，气缸容积逐渐减小。此时，进、排气门均关闭，可燃混合气被压缩，至活塞到达上止点时压缩结束。压缩过程中，气体压力和温度同时升高，并使混合气进一步均匀混合。压缩终了时，气缸内的压力为0.6~1.5MPa，温度为600~800K（327~527℃），如图3-24b所示。示功图如图3-23b所示，压缩行程用曲线 ac 表示。

压缩终了时，可燃混合气的压力和温度取决于压缩比。压缩比越大，燃烧速度越快，发动机输出的功率就越大，且经济性越好。但压缩比过大时，不仅不能进一步改善燃烧性能，反而会出现爆燃和表面点火等不正常燃烧现象。

爆燃是气体压力和温度过高时，在燃烧室内距离点火中心较远及具有高温处（例如排气门头部、火花塞电极和积炭处）可燃混合气自燃导致的一种不正常燃烧现象。爆燃时，火焰以极高的速率传播，在气体来不及膨胀的情况下，由于温度和压力急剧升高，形成了压力波，并以声速向外推进。压力波撞击燃烧室壁时会发出尖锐的敲击声。爆燃还会引起发动机过热、功率下降、工作不稳定及燃油消耗率增加等一系列不良后果。严重时会造成气门烧毁、轴承破裂、火花塞绝缘体击穿等机件损坏现象。

表面点火是燃烧室内炽热表面与炽热处（例如排气门头部、火花塞绝缘体和零件表面炽热的沉积物等）点燃混合气的现象。表面点火发生时，会伴有沉闷的金属敲击声，所产生的高压会使发动机机件负荷增加，活塞和连杆损坏，气门、火花塞和活塞等零件过热，导致发动机使用寿命减少。

3. 做功行程

做功行程中，进、排气门均关闭。当活塞接近上止点时，装在气缸盖上的火花塞在高压电作用下产生电火花，点燃被压缩的可燃混合气，并迅速燃烧，使气体的温度、压力迅速升高，从而推动活塞从上止点向下止点运动，驱动曲轴从 360°转到 540°，并对外做功，至活塞到达下止点时做功结束，如图 3-24c 所示。

可燃混合气燃烧后，放出大量热能，使燃气的压力和温度急剧升高。瞬时压力可达 3 ~ 5MPa，瞬时温度可达 2200 ~ 2800K（1927 ~ 2527℃），并输出机械能。能量除维持发动机本身继续运转消耗一部分外，其余都用于对外做功。做功行程终了时，压力降到 0.3 ~ 0.5MPa，温度则降为 1300 ~ 1600K（1027 ~ 1327℃）。示功图如图 3-23c 所示，示功图上的曲线 czb 表示做功行程气缸内气体压力的变化情况。

4. 排气行程

在做功行程接近终了时，排气门打开，进气门关闭，曲轴通过连杆驱动活塞从下止点向上止点运动，曲轴由 540°旋转到 720°。废气在自身剩余压力和活塞作用下，排出气缸。至活塞到达上止点时，排气门关闭，排气行程结束。因排气系统存在排气阻力，排气行程终了时，气缸内压力略高于大气压力，为 0.105 ~ 0.115MPa，温度为 900 ~ 1200K（627 ~ 927℃），如图 3-24d 所示。示功图如图 3-23d 所示，示功图上的曲线 br 代表排气行程。

因燃烧室占有一定容积，故排气终了时，不可能将废气排尽，留下的一部分废气称为残余废气。

二、四冲程柴油发动机工作原理

四冲程柴油机（压燃式发动机）和四冲程汽油机一样，每个工作循环也包含进气、压缩、膨胀（做功）和排气四个行程。

图 3-25 为四冲程柴油机工作示意图。柴油机在进气行程吸入的是空气，而非混合气。在压缩行程接近终了时，喷油泵先将柴油压力提高到 10 MPa 以上，喷油器再将高压柴油分散成数以百万计的细小油雾喷入气缸，在很短时间内与压缩后的高温高压空气混合，形成可燃混合气。因此，柴油机混合气的形成不同于汽油机，它是在气缸内形成的。

柴油机进气、压缩、膨胀（做功）和排气四个行程有如下特点：

1）进气行程。进气行程中进入气缸的不是可燃混合气，而是空气。

2）压缩行程。压缩行程中将进入气缸的空气压缩，柴油机的压缩比大，为 15 ~ 22，压缩终了的温度和压力都比汽油机高，压力可达 3 ~ 5MPa，温度达 800 ~ 1000K（527 ~ 727℃）。

3）做功行程。在压缩行程终了时，喷油泵将高压柴油经喷油器呈雾状喷入气缸，与高温高压空气迅速混合。由于气缸内的温度高于柴油的自燃温度（约 500K，即约 227℃），混合气立即自行着火燃烧，且此后一段时间内边喷油边燃烧，气缸内的压力和温度急剧升高，推动活塞下行做功，瞬时压力可达 5 ~ 10MPa，瞬时温度可达 2000 ~ 2500K（1727 ~ 2227℃）。

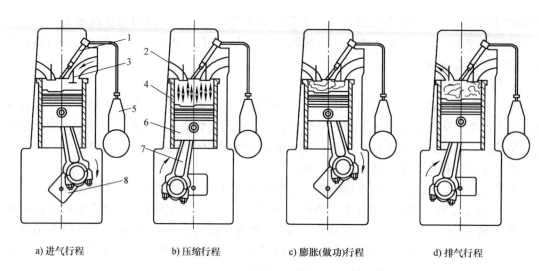

a) 进气行程　　　　b) 压缩行程　　　　c) 膨胀(做功)行程　　　　d) 排气行程

图 3-25　四冲程柴油机工作原理示意图

1—喷油器　2—排气门　3—进气门　4—气缸　5—喷油泵　6—活塞　7—连杆　8—曲轴

4）排气行程。此行程与汽油机基本相同。

汽油机与柴油机在工作原理与性能上的区别，见表 3-1。

表 3-1　汽油机与柴油机在工作原理与性能上的区别

工作循环	对比参数	柴油机	汽油机
进气行程	吸入的物质	空气	可燃混合气或空气
	压力	0.0785~0.0932MPa	0.075~0.09MPa
	温度	300~370K（27~97℃）	370~400K（97~127℃）
压缩行程	压缩的物质	空气	可燃混合气或纯空气
	压力	3.5~4.5MPa	0.6~1.2MPa
	温度	750~1000K（477~727℃）	600~700K（327~427℃）
做功行程	着火方式	喷油器将高压柴油以雾状喷入燃烧室，柴油和空气在气缸内形成可燃混合气并着火燃烧	火花塞产生电火花点燃混合气
	压力	6~9MPa	3~5MPa
	温度	2000~2500K（1727~2227℃）	2200~2800K（1927~2527℃）
排气行程	排出物质	排出废气	排出废气
	压力	0.105~0.125MPa	0.105~0.115MPa
	温度	800~1000K（527~727℃）	900~1200K（627~927℃）

注：采用高压共轨的柴油喷油器喷射油压最高可达 180~200MPa；缸内直喷汽油机喷油器喷射油压最高可达 10~12MPa。

柴油机与汽油机各有特点。柴油机因压缩比高，燃油消耗率平均比汽油机低 30% 左右，故燃油经济性较好，且不存在点火系统故障。一般载质量在 7t 以上的货车多用柴油机。但柴油机转速较汽油机低（一般最高转速为 2500~3000r/min）、质量大、制造和维修费用高（因为喷油泵和喷油器加工精度要求较高）。目前，柴油机的上述缺陷正逐渐得到改善，其最高转速可达 5000r/min 以上，这使其应用范围已普及到中、轻型货车，在乘用车中的应用也越来越多。

汽油机具有转速高（目前乘用车用汽油机最高转速达 5000~6000r/min）、质量小、工作噪声小、起动容易、工作稳定、操作省力、适应性好、制造和维修费用低等特点，故在乘用车和中、小型货车及军用越野车上得到广泛应用。但汽油机燃油消耗率较高，燃油经济性较差。

由上述四冲程汽油机和四冲程柴油机的工作循环可知，两种发动机工作循环的基本内容相似。四个行程中只有做功行程产生动力，其他三个行程是为做功行程做准备的辅助行程，都要消耗一部分能量。发动机起动时的第一个循环，必须有外力驱动曲轴转动，以完成进气和压缩行程。做功行程开始后，能量便通过曲轴储存在飞轮上，以维持工作循环。

对于单缸发动机，使曲轴旋转的动力仅来自于做功行程，其余三个行程是靠飞轮惯性维持转动的。做功行程时，曲轴的转速比其他三个行程要高，因此其转速是不均匀的，这导致发动机工作不平稳，振动大。为解决这一问题，通常要使飞轮具有较大的转动惯量，但这又会使发动机的质量和尺寸增加。采用多缸发动机可改善上述问题，因此现代汽车多采用四缸、六缸或八缸发动机。

对于多缸四冲程发动机的每一个气缸，所有的工作过程完全相同，并按次序进行，但所有气缸的做功行程并不同时进行。例如在四缸发动机内，曲轴每转半周便有一个气缸在做功。对八缸发动机而言，曲轴每转四分之一周便有一个气缸做功。多缸发动机做功行程的曲轴间隔角为 $720°/i$（i 为气缸数）。气缸数越多，发动机的工作越平稳。但发动机缸数增加后，一般会使其结构更加复杂，同时增大尺寸及质量。

第三节 学习成果自检

填写以下表格，检验自己的学习成果。

序号	问题	自检结果
1	汽车发动机有哪些分类方法？	
2	汽车发动机有哪些基本术语？	
3	四冲程发动机的工作原理是什么？工作过程是怎样的？	

第四节 章 练 习 题

一、单项选择题

		以下对于发动机类型的描述中，具备五菱品牌汽车属性的是（ ）。
问题1	A	直列六缸风冷汽油发动机
	B	直列四缸水冷汽油发动机
	C	水平对置四缸水冷汽油发动机
	D	V 型六缸水冷发动机

问题2		请从下列回答中选出对发动机基本术语描述正确的选项。（　　）
	A	活塞运行到曲轴正上方最高位置就是上止点
	B	压缩比就是发动机气缸的近似压力
	C	气缸总容积就是气缸工作容积和燃烧室容积之和
	D	排量就是发动机曲轴旋转两周后，排出的空气的体积

问题3		对四冲程汽油发动机的工作原理，解释正确的选项是（　　）。
	A	自然吸气发动机的进气行程是靠活塞下行产生的真空把空气吸进气缸的
	B	活塞在压缩行程和做功行程走过的行程一定相等
	C	排气行程也能产生功率和转矩
	D	做功行程中，直到活塞处于下止点前，发动机都在输出转矩

二、多项选择题

问题1		以下对发动机分类的描述，正确的是（　　）。
	A	可根据燃料类型分类
	B	可根据发动机冷却形式分类
	C	可根据气缸布局分类
	D	可根据发动机行程分类

问题2		下列对发动机基本术语描述正确的选项是（　　）。
	A	活塞顶距曲轴回转中心最远处为上止点，活塞顶距曲轴回转中心最近处为下止点
	B	活塞从一个止点运动到另一个止点的距离，即上、下止点之间的距离称为活塞行程
	C	多缸发动机各气缸工作容积的总和，称为发动机排量
	D	气缸总容积与燃烧室容积之比叫作压缩比

三、简答题

1. 发动机排量的含义是什么？如何计算？

2. 什么是发动机的压缩比？压缩比是越高越好吗？

四、思考与讨论

1. 功率大的汽车一定加速快吗？

_____

_____

_____

2. 试论飞轮在非做功行程的作用

_____

_____

_____

第四章　发动机系统组成与保养

● 学习要点：

1）发动机曲柄连杆机构。
2）发动机配气机构。
3）发动机燃油供给系统。
4）发动机点火系统。
5）发动机冷却系统。
6）发动机润滑系统。
7）发动机起动系统。
8）发动机充电系统。
9）发动机系统保养。

● 学习目标：

1）能简述发动机曲柄连杆机构的功能和组成。
2）能简述发动机配气机构的类型和工作原理。
3）能简述发动机燃油供给系统的作用、结构和组成。
4）能正确理解发动机点火系统的功能、结构和组成。
5）能简述发动机冷却系统的作用、结构和组成。
6）能简述发动机润滑系统的特点和结构组成。
7）能简述发动机起动系统的作用、结构和组成。
8）能简述发动机充电系统的作用、结构和组成。

第一节　发动机系统组成概述

通常，汽油机由两大机构和五大系统组成，主要包括曲柄连杆机构、配气机构、燃油供给系统、点火系统、润滑系统、冷却系统和起动系统。下面以一汽丰田四缸 1ZR－FE 汽油机和一汽大众迈腾四缸 BYJ（1.8TSI）汽油机为例，介绍四冲程汽油机的一般构造。

一、曲柄连杆机构

曲柄连杆机构是发动机实现工作循环、完成能量转换的主要运动零件，由机体组、活塞连杆组和曲轴飞轮组等组成。在做功行程中，活塞承受燃气压力在气缸内做直线运动，再通过连杆驱动曲轴做旋转运动，并向外输出动力。而在进气、压缩和排气行程中，飞轮释放的能量又把曲轴的旋转运动转换成活塞的直线运动，如图 4-1 和图 4-2 所示。

曲柄连杆机构大致可分成机体组、活塞连杆组和曲轴飞轮组三大部分。机体组包括气缸体、气缸盖、气缸垫和油底壳。活塞连杆组包括活塞、活塞环、活塞销、连杆、连杆轴承及轴承盖。曲轴飞轮组包括曲轴、主轴承、飞轮及平衡重等。

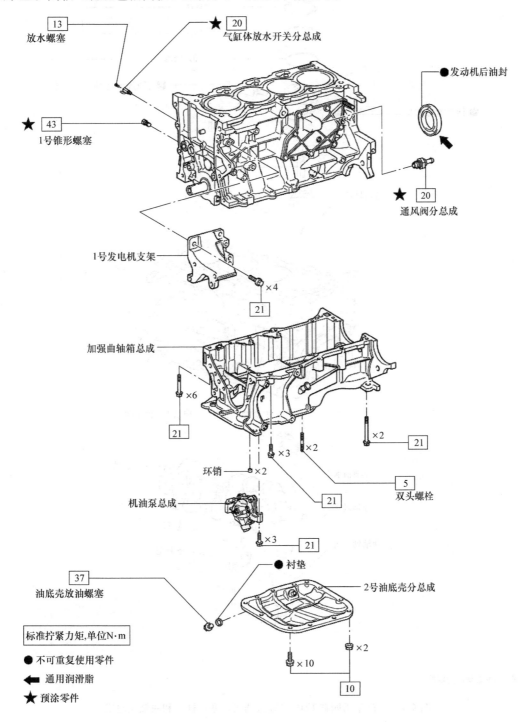

图4-1 一汽丰田四缸1ZR-FE汽油机机体组

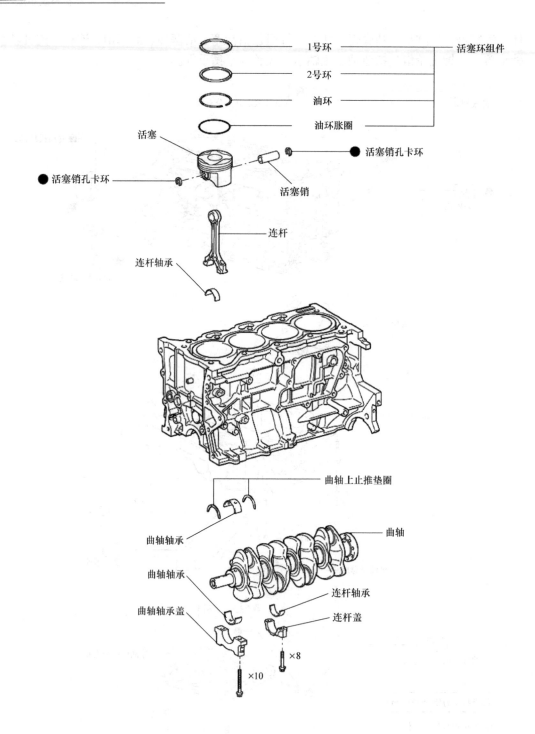

图4-2　一汽丰田四缸1ZR-FE汽油机活塞连杆组和曲轴飞轮组

● 不可重复使用零件

1. 机体组

（1）气缸体

气缸体是发动机的"骨架"，如图4-3所示。气缸体支承曲柄连杆机构的运动件，并保持其相互位置的正确性。另外，气缸体上还需要装配气缸盖、油底壳等部件。在气缸体上还要加工出水道和油道，为各运动部件提供冷却通道与润滑油道。同时，气缸体也为气缸内的混合气燃烧做功提供了密封空间。

图4-3　气缸体

气缸体一般由高强度灰铸铁或铝合金铸造。目前，轿车发动机已经普遍采用铝合金气缸体。与铸铁气缸体相比，铝合金气缸体有下列优点：

1）全铝气缸体与铝活塞的线膨胀系数相同，因此活塞与气缸的间隙可以控制到最小，从而降低噪声和机油消耗量。

2）铝合金的导热性很好，因此采用全铝气缸体可以提高压缩比，进而提高发动机的功率。

3）铝合金气缸体质量轻，有利于前置发动机前轮驱动轿车的前后轴载荷分配。

4）铝合金气缸体散热性能好，可以减少冷却液容量，减小散热器尺寸，实现发动机的轻量化。

发动机工作期间，气缸体的工作条件相当恶劣，它必须承受燃烧所产生的急剧变化的气压作用，以及高温燃气的冲刷和低温进气的冷却，因此气缸体必须具有良好的性能：

1）有足够的刚度和强度。

2）有良好的冷却性能。

3）有足够的耐磨性。

气缸体下部装有油底壳，其主要作用是密封曲轴箱，并存储机油，图4-4所示为一汽大众途锐3.2TSI发动机和一汽丰田四缸1ZR-FE发动机的气缸体。

（2）气缸盖

气缸盖如图4-5所示，它布置在气缸体上部，与气缸体、活塞顶部共同构成燃烧室。

气缸盖上装有各种零部件，例如凸轮轴、气门、气门弹簧和火花塞等。同时，气缸盖上还布置有进/排气道、冷却液道、机油道等。图4-6所示为一汽大众迈腾1.8TSI发动机气缸盖结构，图4-7所示为一汽大众途锐3.2TSI发动机气缸盖结构。

气缸盖承受气体压力和紧固气缸盖螺栓所造成的机械负荷，同时，由于与高温燃气接触，还要承受很高的热负荷。为保证气缸的良好密封，气缸盖既不能损坏，也不能变形，因此，气缸盖应具有足够的强度和刚度。为使气缸盖的热量分布尽可能均匀，避免进、排气门座之间产生热裂纹，应对气缸盖进行良好冷却。

气缸盖一般由优质灰铸铁或合金铸铁铸造，而轿车用汽油机则多采用铝合金气缸盖。首先，铝合金导热性好，有利于提高发动机的压缩比。其次，铝合金铸造性能优异，适于浇铸结构复杂的零件。但必须注意铝合金气缸盖的冷却，将其底平面的温度控制在300℃以下，否则底平面过热会产生塑性变形，进而翘曲。

a) 一汽大众途锐3.2TSI发动机气缸体

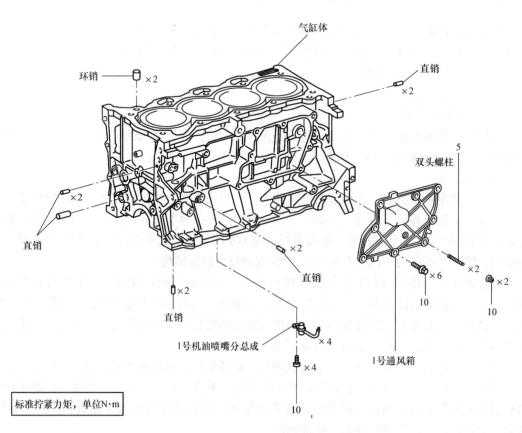

b) 一汽丰田四缸1ZR-FE发动机气缸体

图4-4 一汽大众途锐3.2TSI发动机和一汽丰田四缸1ZR–FE发动机气缸体

图 4-5 气缸盖

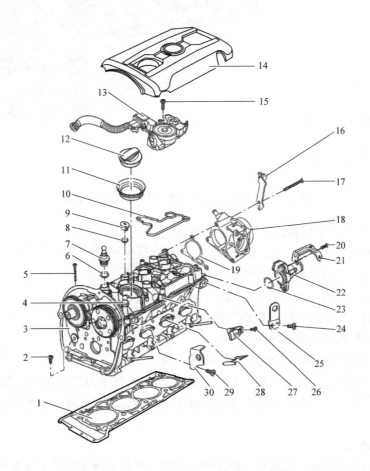

图 4-6 一汽大众迈腾 1.8TSI 发动机气缸盖

1—气缸盖密封件 2、15、17、20、24、26、29—螺栓 3—气缸盖 4、7—锁柱 5—气缸盖罩螺栓 6、8、23—O 形圈
9—密封塞 10—密封垫 11—护套 12—密封盖 13—油气分离器 14—发动机盖罩 16、21—支架 18—真空泵
19—密封件 22—管接头 25、30—吊耳 27—霍尔传感器 28—进气隔板

（3）气缸垫

气缸垫如图 4-8 所示，它是安装在气缸盖与气缸体结合面间的密封件，其主要作用是实现对燃气的密封。

气缸垫受到缸盖螺栓预紧力的压紧作用和高温燃气的作用，因此它必须具有一定的强度和良好的弹性，以补偿气缸盖与气缸体结合面的不平度。

喷油器1，3，5

喷油器2，4，6

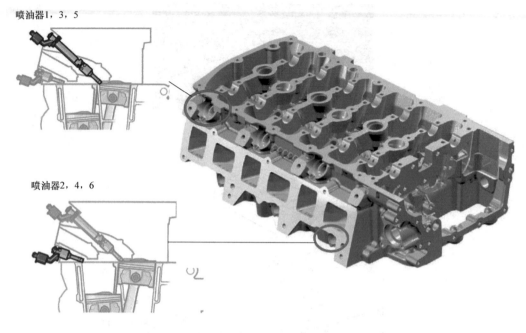

图4-7　一汽大众途锐3.2TSI发动机气缸盖结构

1）功用：气缸垫是机体顶面与气缸盖底面之间的密封件，其作用是保持气缸密封不漏气，保持由机体流向气缸盖的冷却液和机油不泄漏。

2）工作条件：气缸垫承受拧紧气缸盖螺栓时产生的压力作用，并受到气缸内燃烧气体的高温、高压作用，以及机油和冷却液的腐蚀作用。

3）要求：在高温高压燃气作用下有足够的强

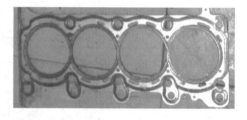

图4-8　气缸垫

度，不易损坏；耐热、耐腐蚀，即在高温、高压燃气或有压力的机油和冷却液作用下不烧损，不变质；具有一定的弹性，能补偿结合面的不平度，以保证密封；拆装方便，能重复使用，使用寿命长。

2. 活塞连杆组

活塞连杆组包括活塞、活塞环、活塞销、连杆、连杆轴承及轴承盖等零部件，图4-9所示为一汽大众迈腾1.4TSI发动机活塞连杆组的结构。

（1）活塞

活塞组件的主要作用是与气缸盖、气缸体共同构成燃烧室，承受高温、高压燃气作用并将热能传递给连杆，推动曲轴旋转，同时将活塞顶的热量传递给气缸体。活塞的各部分名称如图4-10所示。

因为活塞头部需要安装活塞销，而活塞销安装孔周围的材料比头部其他区域更厚，更容易受到热膨胀的影响，所以活塞头部设计成冷态时为椭圆形。

活塞是发动机中工作条件最严酷的零件。作用在活塞上的有气体压力和往复惯性力，这些力都是周期性变化的，且最大值都很大。例如增压发动机的最高燃烧压力可达14～

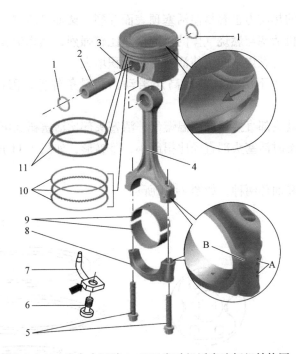

图4-9 一汽大众迈腾1.4TSI发动机活塞连杆组结构图

1—卡环 2—活塞销 3—活塞 4—连杆 5—螺栓 6—安全阀 7—机油喷嘴 8—连杆盖 9—轴瓦 10—油环
11—气环 A—所属气缸标记 B—安装位置标记指向正时链轮侧

16MPa，这样大的机械负荷作用在形状复杂的活塞上，可能导致活塞变形，活塞销座开裂，第一道环岸折断。

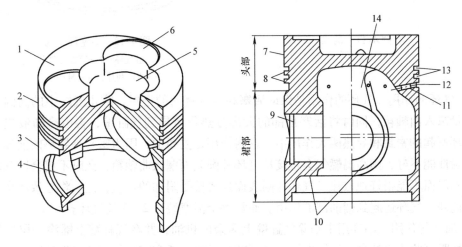

图4-10 活塞各部分名称

1—活塞顶 2—活塞头部 3—活塞裙部 4—活塞销孔 5—燃烧室凹坑 6—气门凹坑 7—活塞顶岸 8—活塞环岸
9—挡圈槽 10—活塞销座 11—回油孔 12—油环槽 13—气环槽 14—加强肋

活塞顶与高温燃气直接接触，温度很高，这导致活塞各部分的温差很大。高温使活塞材料的机械强度显著下降，热膨胀量增大，从而使活塞与相关零件的正确配合遭到破坏。另外，温度不均所产生的热应力也容易使活塞顶表面开裂。柴油机活塞承受的热负荷比汽油机活塞更高，因为柴油机活塞与燃烧气体的对流换热比较强烈，燃烧生成的炭烟使火焰的热辐射能力增强，活塞顶上的燃烧室凹坑使活塞受热面积增大。

活塞在侧压力的作用下沿气缸壁面高速滑动，润滑条件差，因此摩擦损失大，磨损严重。

由于活塞工作时其头部直接接触高温燃气，活塞头部比活塞裙部可达到更高的温度，热膨胀效果更明显，冷态时活塞头部直径比裙部小，呈锥形，如图4-11所示。

（2）活塞环

活塞环包括气环和油环两种，如图4-12所示。

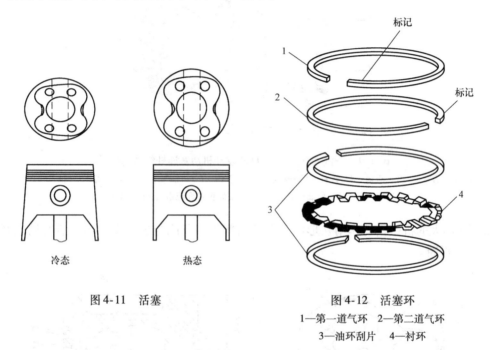

图4-11　活塞　　　　　　　　　　图4-12　活塞环

1—第一道气环　2—第二道气环

3—油环刮片　4—衬环

1）气环的作用。气环的作用是保证活塞和气缸壁间的密封，防止气缸中的高温、高压燃气大量窜入曲轴箱，同时将活塞顶部的大部分热量传导到气缸壁，再由冷却液或空气带走。气环所起的密封和导热两大作用中，密封作用是主要的，因为密封是导热的前提，如果气环密封性能不好，则高温燃气会直接从气环外圆表面漏入曲轴箱，此时不仅会因气环和气缸贴合不严而不能很好地散热，气环外圆表面还要接受附加的热量，最后将导致活塞和气环烧坏。此外，气环还起到辅助刮油作用。通常每个活塞装有2~3道气环。

2）油环的作用。油环用来刮除气缸壁上多余的机油，并在气缸壁上铺涂一层均匀的油膜，这样既可防止机油窜入气缸燃烧，又可减小活塞、活塞环与气缸的磨损和摩擦阻力。此外，油环也起到辅助封气作用。通常每个活塞装有1~2道油环。

根据活塞环的功用及工作条件，制造活塞环的材料应具有良好的耐磨性、导热性、耐热性、冲击韧性、弹性和足够的机械强度。目前广泛使用的活塞环材料有优质灰铸铁、球墨铸铁、合金铸铁和合金钢等。

第一道活塞环外圆面通常进行镀铬或喷钼处理。多孔性铬层硬度高，并能储存少量机油，可改善润滑、减轻磨损。钼的熔点高，也具有多孔性，因此喷钼同样可提高活塞环的耐磨性。

汽油机的活塞一般装有三道活塞环，如图 4-13 所示。第一、第二道活塞环为气环，主要功能是密封，阻止气缸中的高温、高压气体串入曲轴箱，并将活塞头部的大部分热量传递给气缸壁。第三道活塞环为油环，主要作用是在活塞下行时将气缸壁上的机油刮下，使其流回油底壳。

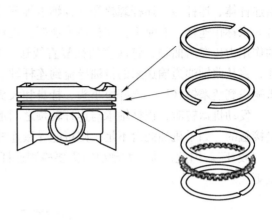

注意：安装活塞环时有正反方向要求，也有环开口位置布置的要求，维修时要严格按照维修手册的规定操作。

（3）活塞销

图 4-13 活塞环

活塞销的功用是连接活塞和连杆小头，将活塞承受的力传递给连杆，如图 4-14 所示。

活塞销在高温条件下承受很大的周期性冲击负荷，此外，活塞销在销孔内摆动角度不大，难以形成润滑油膜，因此润滑条件较差。为此，活塞销必须有足够的刚度、强度和耐磨性，质量要尽可能小，销与销孔应有适当的配合间隙和良好的表面质量。一般情况下，活塞销的刚度尤为重要，如果活塞销发生弯曲变形，则可能使活塞销座损坏。

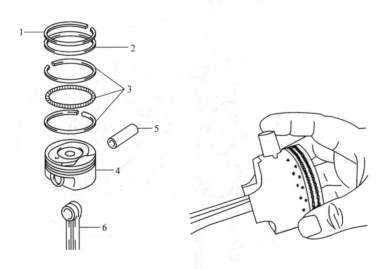

图 4-14 活塞销位置结构示意图

1——道活塞环 2—二道活塞环 3—刮油环 4—活塞 5—活塞销 6—连杆

活塞销与活塞的配合有全浮式和半浮式两种。全浮式配合时，活塞销与活塞之间存在间隙，活塞销两端用卡环限位。半浮式配合时，活塞销与活塞之间为过盈配合关系，拆装时一般要使用专用工具并需加热。

（4）连杆组

图4-15所示为一汽大众迈腾1.8TSI发动机曲柄连杆机构连杆组的主要零件。连杆组包括连杆体、连杆盖、连杆螺栓和连杆轴承等零件。习惯上通常将连杆体、连杆盖和连杆螺栓合起来称作连杆，有时也称连杆体为连杆。连杆组的作用是连接活塞和曲轴，并将活塞所受的作用力传递给曲轴，将活塞的往复直线运动转变为曲轴的旋转运动。连杆轴承上有机油孔，将从曲轴油道输送来的机油导流到连杆轴承与轴颈之间，并将机油通过连杆体中间的油道输送到活塞销区域。连杆由小头、杆身和大头构成，如图4-16所示。

发动机运转时，连杆轴承与连杆轴颈之间形成一层油膜，即连杆轴承与轴颈之间不是直接接触的。如果机油润滑不足，则可能导致连杆轴承和连杆轴颈磨损，严重时可能造成发动机"咬死"。因此，维修发动机时需要检测连杆轴承与连杆轴颈间的间隙，必要时进行维修或更换。

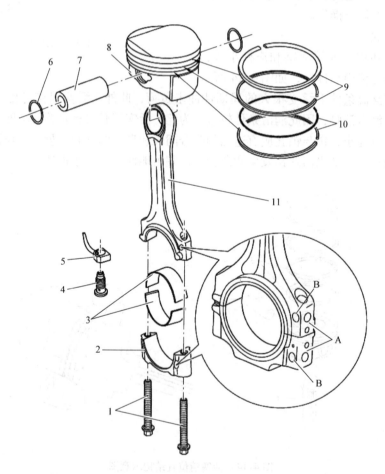

图4-15　一汽大众迈腾1.8TSI发动机曲柄连杆机构连杆组的主要零件

1—连杆螺栓　2—连杆轴承盖　3—轴瓦　4—安全阀　5—喷油阀　6—卡环　7—活塞销　8—活塞　9—压缩环
10—刮油环　11—连杆　A—所属气缸标记　B—安装位置标记指向带轮侧

3. 曲轴飞轮组

曲轴飞轮组包括曲轴、主轴承、飞轮及平衡重等零件，如图4-17所示。

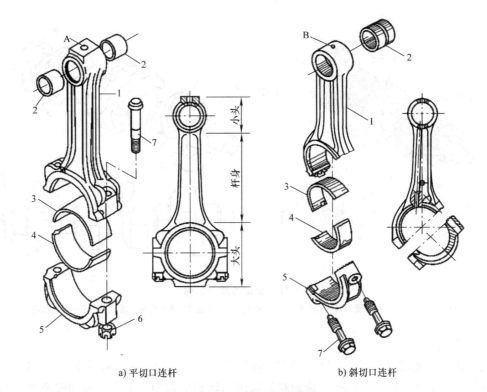

a) 平切口连杆   b) 斜切口连杆

图4-16 连杆组及其零件名称

1—连杆体 2—连杆衬套 3—连杆轴承上轴瓦 4—连杆轴承下轴瓦 5—连杆盖 6—螺母 7—连杆螺栓

A—集油孔 B—喷油孔

（1）曲轴

曲轴的功用是将活塞、连杆传来的气体压力转变为转矩，用以驱动汽车的传动系统和发动机的配气机构以及其他辅助装置。

曲轴在周期性变化的气体压力、惯性力及其力矩的共同作用下工作，承受弯曲和扭转交变载荷。因此，曲轴应有足够的抗弯曲、抗扭转的疲劳强度和刚度，轴颈应有足够大的承压表面和耐磨性，质量应尽量小，对各轴颈的润滑应充分。

曲轴如图4-18所示，它是发动机中最重要的部件，承受连杆传来的力，并将其转变为转矩向车辆提供动力。曲轴由主轴颈、连杆轴颈和平衡重组成，曲轴中间还加工有连接主轴颈与连杆轴颈的油道。

平衡重的作用是平衡旋转离心力及其力矩，有时也可平衡往复惯性力及其力矩。当这些力和力矩自身达到平衡时，平衡重还可减轻主轴承的负荷，提高轴承的使用寿命。

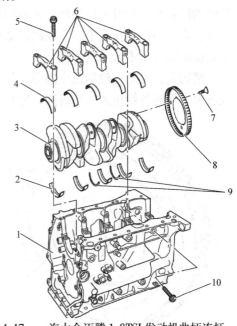

图4-17 一汽大众迈腾1.8TSI发动机曲柄连杆机构曲轴飞轮组的主要零件

1—气缸体 2、4—轴瓦 3—曲轴 5、7、10—螺栓 6—轴承盖 8—脉冲信号轮 9—止推垫片

69

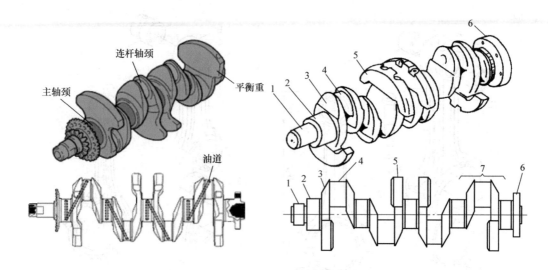

图4-18　曲轴各部分名称

1—曲轴前端　2—主轴颈　3—曲柄臂　4—曲柄销　5—平衡重　6—曲轴后端凸缘　7—单元曲拐

（2）飞轮

对于四冲程发动机来说，每四个活塞行程做功一次，即只有做功行程做功，而排气、进气和压缩行程都要消耗功。因此，曲轴对外输出的转矩呈周期性变化，曲轴转速也不稳定。为改善这种状况，在曲轴后端装有飞轮。

飞轮是转动惯量很大的盘形零件，其作用如同能量存储器。在做功行程中，发动机传输给曲轴的能量，除对外输出外，还有部分被飞轮吸收，从而使曲轴的转速不会急剧升高。在排气、进气和压缩行程中，飞轮将其储存的能量释放出来，以补偿这三个行程所消耗的功，从而使曲轴转速不会急剧降低。

结构上，飞轮一般制成中间薄、轮缘厚，具有很大转动惯量的圆盘。材料一般采用铸铁或铸钢。飞轮外缘压入一个齿圈，它与起动机齿轮啮合后便可起动发动机，如图4-19所示。

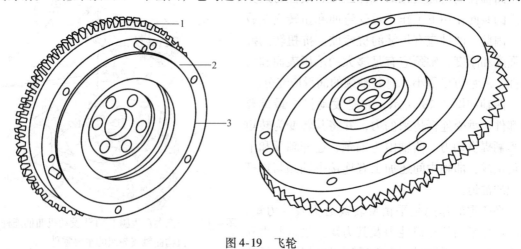

图4-19　飞轮

1—齿圈　2—离合器安装面　3—离合器圆盘摩擦面

二、配气机构

配气机构的功用是根据每一气缸内进行的工作循环和点火顺序要求，定时打开和关闭各气缸的进/排气门，使新混合气（或新鲜空气）及时进入气缸，或使废气及时排出气缸，完成换气过程。性能良好的配气机构应使发动机在各种工况下工作时都获得最佳的进气量，以保证发动机在各种工况下工作时都发挥出最好的性能。

对配气机构的基本要求是进气充分、排气彻底。四冲程发动机配气机构一般由气门传动组和气门组构成，如图 4-20 和图 4-21 所示，图 4-22 为一汽丰田四缸 1ZR－FE 发动机的配气机构。

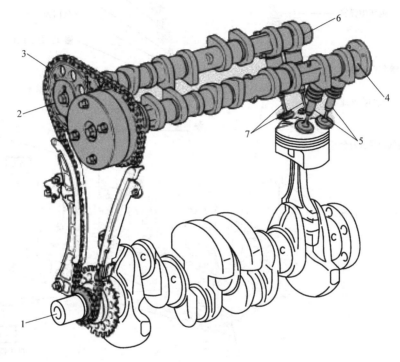

图 4-20　配气机构（气门传动组）

1—曲轴　2—正时链轮　3—正时链　4—进气凸轮轴　5—进气门　6—排气凸轮轴　7—排气门

1. 配气机构类型

（1）气门的布置形式

按照布置形式，气门可分为侧置气门和顶置气门两种形式。其中，侧置气门式配气机构在轿车发动机中已经被淘汰，目前的轿车发动机已全部采用顶置气门布置形式，货车和客车也大多采用这种形式。两种气门布置形式如图 4-23 所示。

（2）凸轮轴的布置位置

按照布置位置分为凸轮轴下置式、凸轮轴中置式和凸轮轴上置式，如图 4-24 所示。三者都可用于气门顶置式配气机构。凸轮轴下置式和中置式配气机构中的凸轮轴位于曲轴箱中部。发动机转速较高时，为减小气门传动机构的往复运动质量，可将凸轮轴移至气缸体上部，由凸轮轴通过挺柱直接驱动摇臂，从而省去推杆，这称为凸轮轴中置式配气机构。

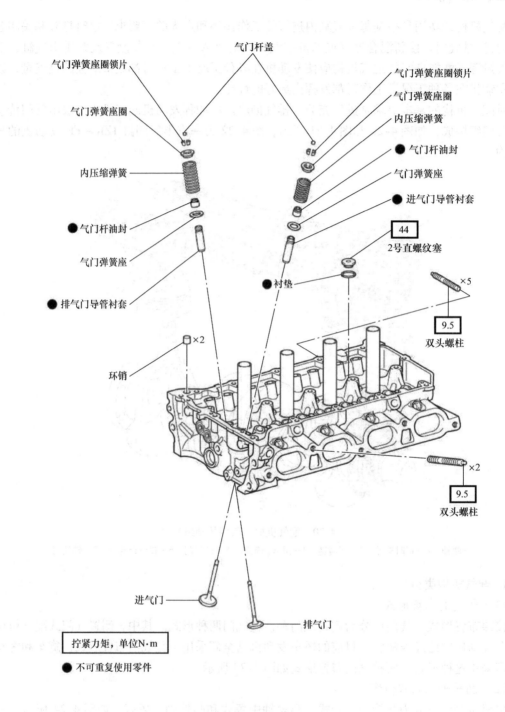

气门杆盖

气门弹簧座圈锁片

气门弹簧座圈

内压缩弹簧

●气门杆油封

气门弹簧座

●排气门导管衬套

环销 □×2

气门弹簧座圈锁片

气门弹簧座圈

内压缩弹簧

●气门杆油封

气门弹簧座

●进气门导管衬套

44

2号直螺纹塞

×5

9.5

双头螺柱

●衬垫

9.5

双头螺柱 ×2

进气门

排气门

拧紧力矩,单位N·m

● 不可重复使用零件

图4-21 配气机构(气门组)

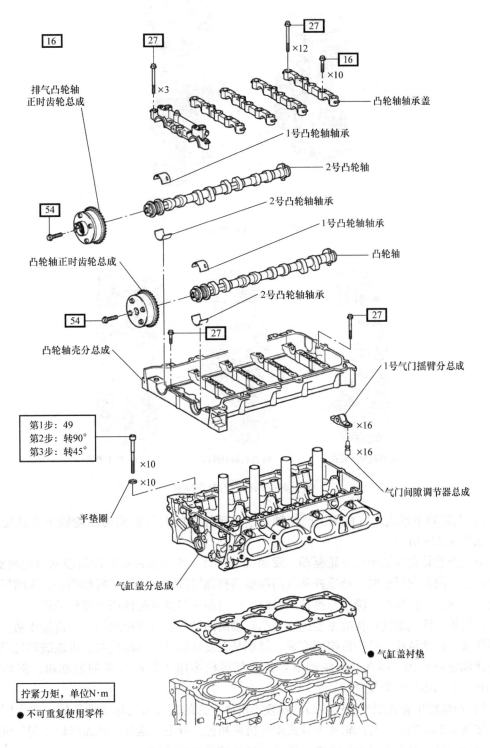

排气凸轮轴正时齿轮总成

凸轮轴正时齿轮总成

凸轮轴壳分总成

第1步：49
第2步：转90°
第3步：转45°

平垫圈

气缸盖分总成

拧紧力矩，单位N·m

● 不可重复使用零件

1号凸轮轴轴承

凸轮轴轴承盖

2号凸轮轴

2号凸轮轴轴承

1号凸轮轴轴承

凸轮轴

2号凸轮轴轴承

1号气门摇臂分总成

气门间隙调节器总成

气缸盖衬垫

图4-22 一汽丰田四缸1ZR-FE发动机配气机构

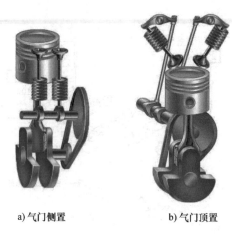

a)气门侧置　　　　　　　b)气门顶置

图 4-23　气门布置形式

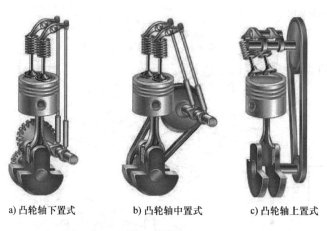

a)凸轮轴下置式　　　　b)凸轮轴中置式　　　　c)凸轮轴上置式

图 4-24　凸轮轴的布置位置

1）凸轮轴下置式配气机构。凸轮轴置于曲轴箱内的配气机构为凸轮轴下置式配气机构，如图 4-24a 所示。

下置凸轮轴由曲轴定时齿轮驱动。发动机工作时，曲轴通过定时齿轮驱动凸轮轴旋转。凸轮在上升段顶起挺柱时，经推杆和气门间隙调整螺钉推动摇臂绕摇臂轴摆动，压缩气门弹簧使气门开启。凸轮在下降段与挺柱接触时，气门在气门弹簧的作用下逐渐关闭。

凸轮轴下置式配气机构的主要优点是凸轮轴离曲轴近，可简单地用一对齿轮传动。缺点是零件多、传动链长、整个机构刚度差，特别是在发动机处于高转速时，可能破坏气门的运动规律和定时启闭。因此，凸轮轴下置式配气机构多用于转速较低的发动机，例如东风 EQ6100 - 1、BJ492Q 等发动机。

2）凸轮轴中置式配气机构。凸轮轴置于机体上部的配气机构称为凸轮轴中置式配气机构，如图 4-24b 所示。与凸轮轴下置式配气机构相比，省去了推杆，从而减轻了配气机构的往复运动质量，增大了机构的刚度，更适合转速较高的发动机。

有些凸轮轴中置式配气机构的组成与凸轮轴下置式配气机构没有明显区别，只是推杆较短而已，例如 YC6105Q、6110A 和依维柯 8210.22S 等发动机。

3）凸轮轴上置式配气机构。凸轮轴置于气缸盖上的配气机构称为凸轮轴上置式配气机构，如图4-24c所示。其主要优点是运动件少、传动链短、整个机构刚度大，适合高速发动机。由于气门排列和气门驱动形式不同，凸轮轴上置式配气机构有很多种结构形式。

对于凸轮轴上置式配气机构，按凸轮轴和气门的安装位置不同，配气机构主要有两种形式：顶置气门式（OHV）和顶置凸轮轴式（OHC）。顶置凸轮轴式配气机构按凸轮轴的数量不同又可分为双顶置凸轮轴式（DOHC）和单顶置凸轮轴式（SOHC）两种。

双顶置凸轮轴式的结构特点：在气缸盖上装有2个凸轮轴，一个直接驱动进气门，另一个直接驱动排气门，如图4-25所示。

（3）凸轮轴的传动方式

按曲轴和凸轮轴间的传动方式，可分为齿轮传动式、链传动式和带传动式三种。

1）齿轮传动式配气机构。齿轮传动机构用于下置式和中置式凸轮轴的传动，如图4-26所示。

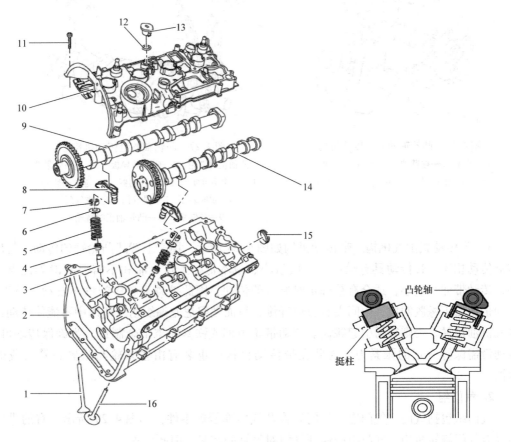

图4-25 双顶置凸轮轴式配气机构

1—排气门 2—气缸盖 3—气门导管 4—气门杆密封件 5—气门弹簧 6—气门弹簧座 7—气门锥形锁夹
8—液压补偿元件 9—排气凸轮轴 10—气缸盖罩 11—螺栓 12—O形圈 13—密封塞
14—进气凸轮轴 15—密封盖 16—进气门

为保证齿轮啮合平顺、噪声低、磨损小、正时齿轮都是圆柱螺旋齿轮，并用不同材料制造。曲轴正时齿轮用中碳钢制造，凸轮轴正时齿轮用铸铁或夹布胶木制造。为保证正确的配气正时和喷油正时，在传动齿轮上刻有正时记号，装配时必须对正记号。

2）链传动式配气机构。链传动机构用于中置式和上置式凸轮轴的传动，如图4-27所示，采用上置式凸轮轴的高速汽油机普遍装配链传动机构。传动链一般为滚子链，为不产生振动和噪声，工作时保持一定的张紧度。链传动机构中装有导链板，传动链的松边装有张紧器。

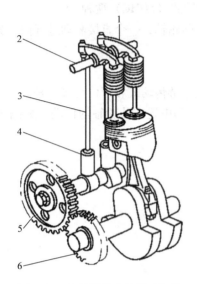

图4-26　凸轮轴的齿轮传动机构
1—摇臂　2—摇臂轴　3—推杆　4—挺柱
5—凸轮轴正时齿轮　6—曲轴正时齿轮

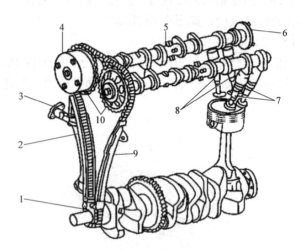

图4-27　凸轮轴的链传动机构
1—曲轴正时链轮　2—张紧器导板　3—链条张紧器
4—智能型可变配气正时控制器　5—进气凸轮轴
6—定时转子　7—排气门　8—进气门
9—导链板　10—凸轮轴正时链轮

3）带传动式配气机构。带传动机构如图4-28所示，用于上置式凸轮轴的传动。与齿轮和链传动相比，带传动具有噪声小、质量小、成本低、工作可靠和不需要润滑等优点。另外，传动带伸长量小，适合有精确定时要求的传动，因此被越来越多的汽车发动机所采用。传动带用氯丁橡胶制成，中间夹有玻璃纤维，齿面粘覆尼龙编织物。使用中不能使传动带与水或机油接触，否则容易引起跳齿。传动带轮由钢或铁基粉末冶金制造。为确保传动可靠，传动带需保持一定的张紧力，为此在带传动机构中也装有由张紧轮与张紧弹簧组成的张紧器。

2. 气门组

气门组包括气门、气门座、气门导管及气门弹簧等零件，如图4-29所示，有的进气门还设有气门旋转机构。气门组应保证气门对气缸的密封，因此要求：

1）气门头部与气门座贴合严密。

2）气门导管对气门杆的上下运动有良好的导向作用。

3）气门弹簧的两端面与气门杆的中心线相垂直，以保证气门头在气门座上不偏斜。

4）气门弹簧的弹力足以克服气门及其传动件的运动惯性力，使气门能迅速开闭，并保证气门紧压在气门座上。

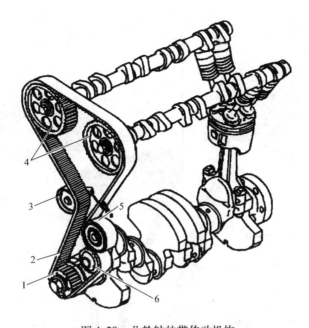

图4-28 凸轮轴的带传动机构

1—曲轴正时传动带轮 2—传动带 3—张紧轮 4—凸轮轴正时传动带轮 5—中间轮 6—水泵传动带轮

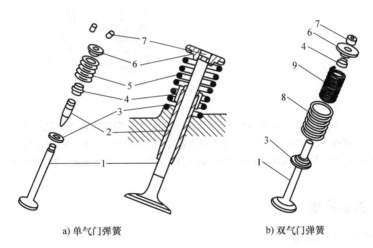

a) 单气门弹簧 　　　　　　　　　　　　　b) 双气门弹簧

图4-29 气门组的基本组成

1—气门 2—气门导管 3—下气门弹簧座 4—气门油封 5—气门弹簧 6—上气门弹簧座
7—气门锁片 8—外气门弹簧 9—内气门弹簧

3. 气门传动组

气门传动组如图4-20所示，主要包括正时齿带/链条、凸轮轴、气门挺柱、摇臂及摇臂轴组成。气门传动组使发动机在规定的时刻开启和关闭气门，并保证有足够的开度。宝骏730的1.5L发动机直接用凸轮轴通过气门挺柱驱动气门，没有使用摇臂和摇臂轴。

图4-30所示为一汽大众迈腾1.8TSI发动机配气机构凸轮轴正时链结构，图4-31所示为一汽丰田1ZR-FE发动机配气机构凸轮轴正时链结构。

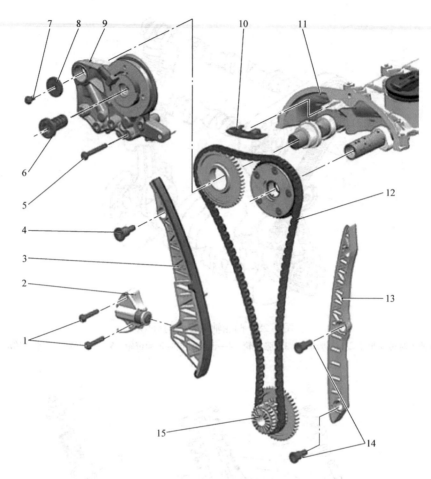

图4-30　一汽大众迈腾1.8TSI发动机配气机构凸轮轴正时链结构

1、5、7—螺栓　2—链条张紧器　3—正时链张紧轨　4、14—导向螺栓　6—调节阀　8—垫圈
9—轴承桥　10、13—凸轮轴正时链滑轨　11—气缸盖罩　12—凸轮轴正时链　15—曲轴链轮

三、燃油供给系统

1. 燃油供给系统的功用

燃油供给系统的功用是根据发动机运转工况的需要，向发动机供给一定数量的、清洁的、雾化良好的燃油，以便与一定数量的空气混合形成可燃混合气。同时，燃油供给系统还需要储存一定数量的燃油，以保证汽车有足够的续驶里程。

2. 燃油供给系统的组成

传统发动机燃油供给系统（化油器式发动机燃油供给系统）包括燃油箱、燃油滤清器、燃油泵、油管和燃油表等部件，如图4-32所示，主要分为四个部分：

1）燃油供给装置：油箱、燃油泵（电控）、燃油滤清器、油管。

2）空气供给装置：空气滤清器。

3）可燃混合气形成装置：进气歧管或缸内（电控）。

4）废气排出装置：排气管道、排气消声器、三元催化转化器。

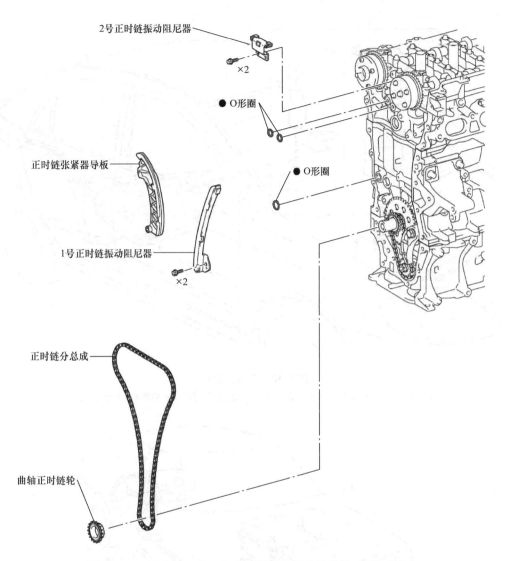

图 4-31 一汽丰田 1ZR – FE 发动机配气机构凸轮轴正时链结构

目前，化油器式燃油供给系统已被淘汰，取而代之的是电控燃油供给系统，如图 4-33 所示。

3. 可燃混合气的形成过程

汽车发动机的可燃混合气形成时间很短，从进气行程开始到压缩行程结束为止，只有 0.01 ~ 0.02s 的时间。要在这样短的时间内形成均匀的可燃混合气，关键在于燃油的雾化和蒸发。所谓雾化就是将燃油分散成细小的油滴或油雾。良好的雾化可以大大增加燃油的蒸发表面积，从而提高燃油的蒸发速度。另外，混合气中燃油与空气的比例应满足发动机运转工况的需要。因此，混合气形成过程就是燃油雾化、蒸发，以及与空气配比和混合的过程。

4. 发动机运转工况对可燃混合气成分的要求

（1）可燃混合气成分的表示法

可燃混合气中空气与燃油的比例，称为可燃混合气成分或可燃混合气浓度，通常用过量

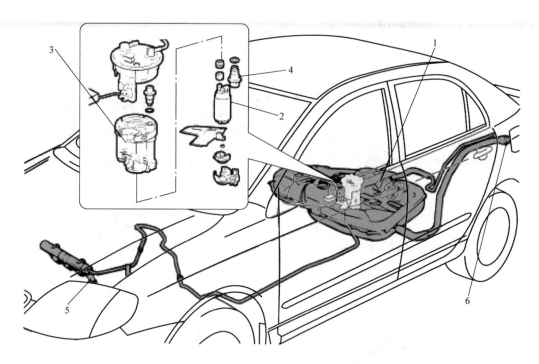

图4-32　燃油供给系统

1—油箱　2—燃油泵　3—燃油滤清器　4—压力调节阀　5—喷油器　6—燃油箱盖

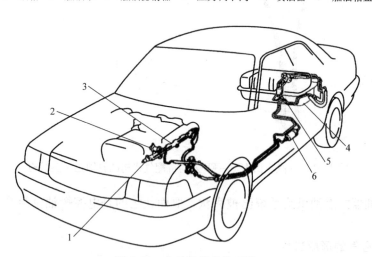

图4-33　电控燃料供给系统

1—喷油器　2—燃油压力调节器　3—燃油分配管　4—油箱　5—电动燃油泵　6—燃油滤清器

空气系数和空燃比表示。

1）过量空气系数。燃烧1kg燃油实际消耗的空气质量与完全燃烧1kg燃油理论上消耗的空气质量之比，称为过量空气系数，记作 φ_α，即

$$\varphi_\alpha = \frac{\text{燃烧1kg燃油实际消耗的空气质量}}{\text{完全燃烧1kg燃油理论上消耗的空气质量}} \tag{4-1}$$

φ_α 为1的可燃混合气称为理论混合气，φ_α 小于1的称为浓混合气，φ_α 大于1的称为稀混合气。

2）空燃比。可燃混合气中空气质量与燃油质量之比，称为空燃比，记作 α，即

$$\alpha = \frac{\text{空气质量}}{\text{燃油质量}} = \frac{A}{F} \qquad (4-2)$$

按照化学反应方程式的当量关系，可求出 1kg 燃油完全燃烧所需空气质量，即化学计量空气质量约为 14.7kg。显然，α 为 14.7 的可燃混合气为理论混合气，α 小于 14.7 的为浓混合气，α 大于 14.7 的为稀混合气。空燃比 14.7 称为理论空燃比或化学计量空燃比。

过量空气系数与空燃比的关系见表4-1。

表4-1 过量空气系数与空燃比的关系

$\alpha = 14.7$			$\varphi_\alpha = 1$			理想混合气
$\alpha < 14.7$			$\varphi_\alpha < 1$			浓混合气
$\alpha > 14.7$			$\varphi_\alpha > 1$			稀混合气
$\varphi_\alpha = 0.4$	$\varphi_\alpha < 0.85$	$\varphi_\alpha = 0.88$	$\varphi_\alpha = 1$	$\varphi_\alpha = 1.11$	$\varphi_\alpha = 1.15$	$\varphi_\alpha > 1.4$
上限	过浓	浓	标准	稀	过稀	下限

（2）可燃混合气成分对发动机性能的影响

可燃混合气的浓度对发动机的性能影响很大，直接影响动力性和经济性。通过试验证明，发动机的功率和耗油率都是随着过量空气系数 φ_α 变化而变化的。理论上，对 φ_α 为 1 的标准混合气而言，所含空气中的氧正好足以使燃油完全燃烧，但实际上，由于时间和空间的限制，燃油微粒和蒸汽不可能及时地与空气绝对均匀地混合，因此即使 φ_α 为 1，燃油也不可能完全燃烧，混合气 φ_α 大于 1 才有可能完全燃烧。

因为 φ_α 大于 1 时的混合气中，有适量较多的空气，正好满足完全燃烧的条件，此混合气称为经济混合气，对于不同的发动机，经济混合气的成分不同，一般 φ_α 为 1.05 ~ 1.15。φ_α 超出这一范围时，耗油率 g_e 提高，经济性变差。

当 φ_α 为 0.88 时，发动机功率 P_e 最大，这种混合气中燃油含量较多，燃油分子密集，因此燃烧速度最高，热量损失最小，使缸内平均压力最高，功率最大。该混合气称为功率混合气。对不同的发动机来说，功率混合气一般 φ_α 为 0.85 ~ 0.95。

φ_α 大于 1.11 的混合气称为过稀混合气，φ_α 小于 0.88 的混合气称为过浓混合气，混合气过稀、过浓都会使发动机功率 P_e 降低，耗油率 g_e 增加。

混合气过稀时，由于燃烧速度太低，损失热量很多，往往造成发动机温度过高。严重过稀时，燃烧可延续到进气行程开始，进气门已经开启时还在进行，火焰将传播到进气管，引起"回火"并产生拍击声。当混合气稀到 φ_α 为 1.4 以上时，虽然仍能着火，但火焰无法传播，严重时会导致发动机熄火，因此 φ_α 为 1.4 称为火焰传播下限。

混合气过浓时，由于燃烧很不完全，会产生大量的 CO，造成气缸盖、活塞顶和火花塞积炭，排气管冒黑烟，甚至可能导致 CO 在排气管中被高温废气引燃，出现排气管"放炮"现象。混合气浓到 φ_α 为 0.4 以下，可燃混合气虽然仍能着火，但火焰无法传播，严重时会导致发动机熄火，因此 φ_α 为 0.4 称为火焰传播上限。

综上，发动机正常工作时，所用的可燃混合气 φ_α 值，应在获得最大功率和获得最低燃油消耗率之间。节气门全开时，φ_α 值的最佳范围为 0.85 ~ 1.15。在节气门全开条件下，φ_α 为 0.85 ~ 0.95 时，发动机可输出较大功率，φ_α 为 1.05 ~ 1.15 时，发动机可获得较好的燃油经济性。因此，φ_α 为 0.85 ~ 1.15 时，动力性和经济性都比较好，即 P_e 较大，g_e 较小。

实际上，对于一定的发动机，相应于一定工况，只能供应一定 φ_α 值的可燃混合气，φ_α 值究竟要满足动力性，还是经济性，或是二者兼顾，要根据汽车及发动机的各种工况进行具体分析。

5. 进气系统

进气系统的功用是尽可能多且均匀地向各气缸供给可燃混合气或纯净空气。

进气系统主要包括空气滤清器和进气歧管。为增强进气效果，有的进气系统还装有谐振器。在汽油喷射式发动机的进气系统中还包括空气计量装置。图 4-34 所示为桑塔纳 2000GSi 轿车的空气供给系统组成。

1）空气滤清器的功用。燃油燃烧需要消耗大量空气。以普通轿车为例，每燃烧 1L 汽油需要消耗 5000～10000L 空气。大量的空气进入气缸，若不将其中的杂质或灰尘滤除，则必然加速气缸的磨损，缩短发动机的使用寿命。实践证明，发动机不安装空气滤清器，其使用寿命会缩短 2/3。

空气滤清器的功用主要是滤除空气中的杂质和灰尘，让洁净的空气进入进气歧管/气缸。另外，空气滤清器也有降低进气噪声的作用。

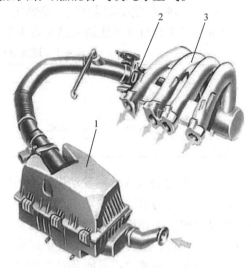

图 4-34　桑塔纳 2000GSi 轿车空气供给系统组成
1—空气滤清器　2—节气门体　3—进气歧管

2）空气滤清器结构。空气滤清器一般由进气导流管、空气滤清器盖、空气滤清器外壳和滤芯等组成。按滤清方式可分为惯性式和过滤式，按是否用机油分干式和湿式，组合起来有干惯性式、干过滤式、湿惯性式、湿过滤式和综合式等。

纸滤芯空气滤清器广泛用于各类汽车发动机。桑塔纳 2000GSi 轿车的纸滤芯空气滤清器结构如图 4-35 所示。空气从空气滤清器进气短管 1 经滤网 3 进入滤清器底部，再经纸滤芯 5 和空气滤清器出气短管 7 流出滤清器，进入进气歧管。空气中粗大的杂质被滤网阻留，而细微杂质则被纸滤芯滤除。

纸滤芯空气滤清器有质量轻、成本低和滤清效果好等优点。纸滤芯由经过树脂处理的微孔滤纸制成，有干式和湿式两种。干式纸滤芯可以反复使用，如图 4-36 所示。纸滤芯经过浸油处理后即为湿式纸滤芯，其优点是使用寿命长，吸附杂质的能力强且滤清效果好，但不能反复使用，需定期更换。

6. 供油系统

供油系统的功用是向气缸内提供燃烧时所需的燃油。

发动机的供油系统主要包括燃油箱、燃油管、电动燃油泵、燃油滤清器、油轨、喷油器和燃油压力调节器，如图 4-37 所示。

电动燃油泵将燃油从燃油箱中泵出，通过燃油滤清器到达喷油器。电控喷油器将精确计量过的燃油喷入进气管，多余的燃油通过燃油压力调节器返回油箱，燃油压力调节器保证系统中的燃油压力为一个常数。

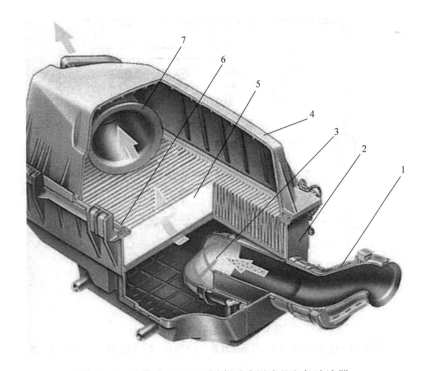

图 4-35 桑塔纳 2000GSi 轿车干式纸滤芯空气滤清器

1—空气滤清器进气短管 2—下壳体 3—滤网 4—上壳体 5—纸滤芯 6—密封圈 7—空气滤清器出气短管

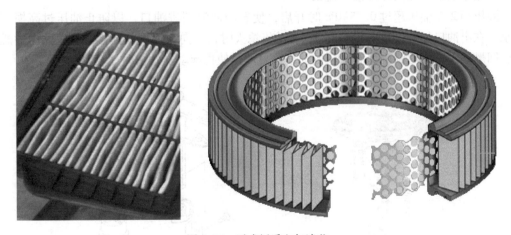

图 4-36 干式纸质空气滤芯

（1）电动燃油泵

电动燃油泵总成如图 4-38 所示，由电动燃油泵泵芯及托架构成。在电控燃油喷射系统中应用的电动燃油泵通常有两种类型，即滚柱式电动燃油泵和叶片式电动燃油泵。

1）滚柱式电动燃油泵。由永磁电动机驱动的滚柱式电动燃油泵如图 4-39 所示。转子 9 偏心地安装在泵体 7 内，滚柱 8 装在转子的凹槽中。转子旋转时，滚柱在离心力的作用下紧压在泵体的内表面上。同时，在惯性力的作用下，滚柱总是与转子凹槽的一个侧面贴紧，从而形成若干个工作腔。在燃油泵工作过程中，进油口 1 一侧的工作腔容积增大，成为低压吸

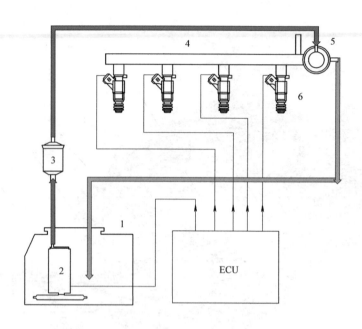

图 4-37　发动机的供油系统
1—油箱　2—电动燃油泵　3—燃油滤清器　4—油轨　5—压力调节器　6—喷油器

油腔，燃油经进油口被吸入工作腔内。在出油口 6 一侧的工作腔容积减小，成为高压压油腔，高压燃油从压油腔经出油口流出。

限压阀 2 在油压超过 0.45MPa 时开启，使燃油回流到进油口，以防止油压过高损坏燃油泵。在出油口处装设单向止回阀 5；发动机熄火时，单向止回阀关闭，防止管路中的燃油倒流回燃油泵，使管路中保有一定的油压，目的是使再起动发动机时比较容易。

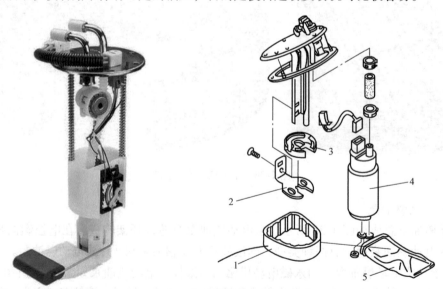

图 4-38　电动燃油泵总成
1—橡胶圈　2—固定座　3—橡胶缓冲垫　4—电动燃油泵　5—滤网

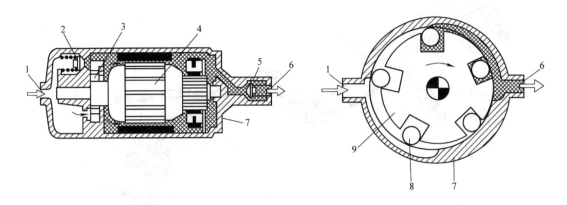

图4-39 滚柱式电动燃油泵

1—进油口 2—限压阀 3—燃油泵 4—电动机 5—单向止回阀 6—出油口 7—泵体 8—滚柱 9—转子

2）叶片式电动燃油泵。叶片式电动燃油泵结构如图4-40所示。叶轮3是一个圆形平板，在平板的圆周上加工有小槽，开成泵油叶片。叶轮旋转时，小槽内的燃油随叶轮一同高速旋转。受离心力的作用，出口处油压增高，而进口处产生真空，从而使燃油从进口吸入，从出口排出。叶片式电动燃油泵运转噪声小、油压脉动小、泵油压力高、叶片磨损小且使用寿命长。

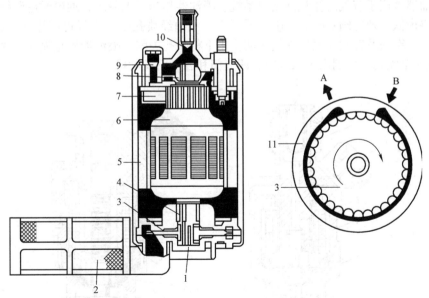

图4-40 叶片式电动燃油泵

1—橡胶缓冲垫 2—滤网 3—叶轮及叶片 4、8—轴承 5—永久磁铁
6—电枢 7—电刷 9—限压阀 10—单向止回阀 11—泵体

（2）油轨总成

油轨总成如图4-41所示，其功用是将燃油均匀、等压地输送给各缸喷油器。油轨总成的容积较大，因此有储油蓄能、减缓油压脉动的作用。

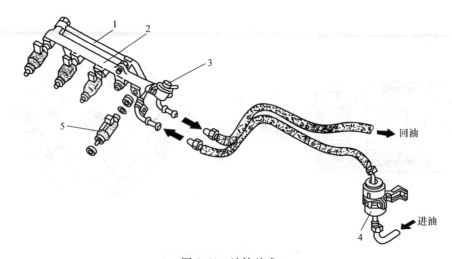

图 4-41　油轨总成
1—进油管　2—燃油分配管　3—油压调节器　4—燃油滤清器　5—喷油器

（3）喷油器

喷油器的功用是按照电控单元的指令将一定数量的燃油适时喷入进气道或进气歧管内，并与空气混合形成可燃混合气。

喷油器的构造如图 4-42 所示。不论是上端供油式（图 4-42a）还是侧面供油式（图 4-42b）喷油器，都是由电磁线圈、衔铁、针阀、复位弹簧及喷油器体等零件构成的。侧面供油式喷油器多用于节气门体汽油喷射系统。喷油器相当于电磁阀，通电时电磁线圈 3 产生电磁力，将衔铁 5 及针阀 6 吸起，喷油器开启，汽油经喷孔喷入进气道或进气管。断电时，电磁力消失，衔铁及针阀在复位弹簧 4 的作用下将喷孔关闭，喷油器停止喷油。喷油器可以有 1、2 或 3 个喷孔，分别用于双气门、四气门和五气门发动机。

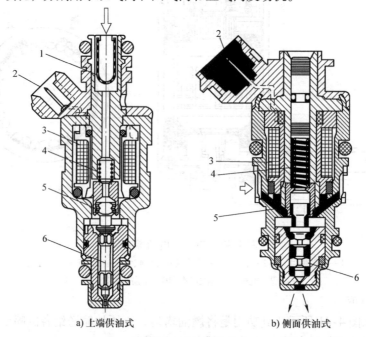

a) 上端供油式　　b) 侧面供油式

图 4-42　喷油器构造
1—滤网　2—插头　3—电磁线圈　4—复位弹簧　5—衔铁　6—针阀

电控喷油器实际是一个带电磁开关的球阀装置。由电磁线圈引出两极，经过发动机线束与 ECU 和电源相连，电磁线圈受 ECU 控制对系统搭铁导通后，产生电磁力克服弹簧力、燃油压力和歧管内的真空吸力，吸起阀芯，使燃油穿过阀座孔，从导向孔喷出，雾状地喷到进气门处。断电后，电磁力消失，在弹簧力及燃油压力的作用下，喷油器关闭。喷油器的顶部采用橡胶密封圈与燃油导轨接口形成可靠压力燃油密封，下部则采用橡胶密封圈与发动机进气歧管形成对空气密封。

喷油器的通电、断电由电控单元控制（图 4-43）。电控单元以电脉冲的形式向喷油器输出控制电流。当电脉冲从零增大时，喷油器通电开启；电脉冲回落到零时，喷油器又断电关闭。电脉冲从增大到回落所持续的时间称为脉冲宽度。若电控单元输出的脉冲宽度短，则喷油持续时间短，喷油量少（图 4-43b）；若电控单元输出的脉冲宽度长，则喷油持续时间长，喷油量多（图 4-43c）。喷油器针阀升程约为 0.1mm，而喷油持续时间在 2～10ms 内。

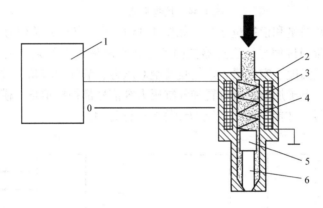

a)发动机停机时无电脉冲输出

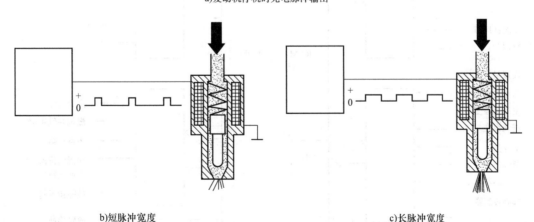

b)短脉冲宽度   c)长脉冲宽度

图 4-43 喷油器工作原理
1—电控单元 2—喷油器体 3—电磁线圈 4—复位弹簧 5—衔铁 6—针阀

7. 控制系统

控制系统的功用是根据发动机运转状况和车辆运行状况确定最佳喷油量，并控制喷油器工作。

控制系统由传感器、发动机控制模块（ECU）及执行元件组成。传感器主要包括进气压力传感器、曲轴位置传感器、进气温度传感器和氧传感器等。执行元件主要包括电动燃油泵、燃油泵继电器和喷油器等，如图 4-44 所示。

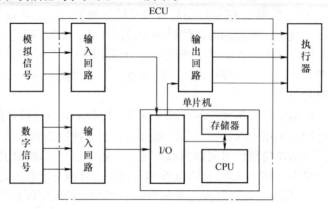

图 4-44　控制系统

传感器的信号有开关量和模拟量之分。如图 4-45 所示，点火开关信号、凸轮轴位置信号、车速信号、变速器档位信号、变速器挂档信号和空调信号等都是开关量，而蓄电池电压、发动机温度、进气温度、空气量、进气歧管绝对压力、节气门转角、过量空气系数、爆燃、空调制冷剂压力、电子加速踏板位置和气缸压力等信号都是模拟量。模拟信号都要先经 A/D 转换变成数字信号，才能由数字式微型计算机进行处理。

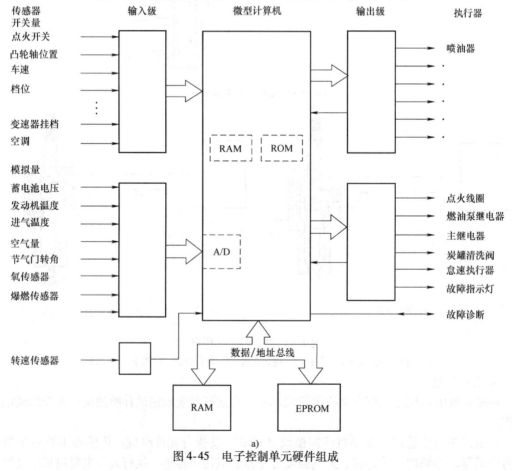

a)

图 4-45　电子控制单元硬件组成

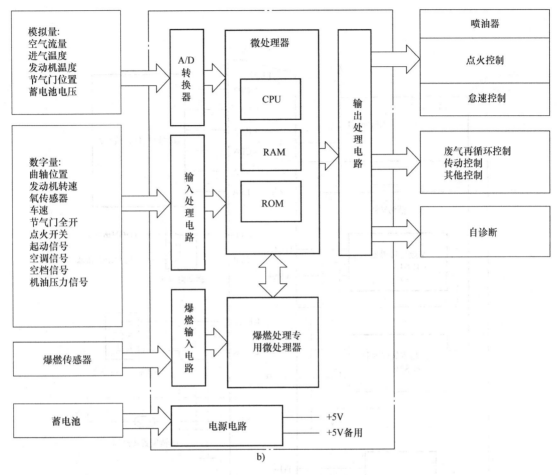

图 4-45 电子控制单元硬件组成（续）

图 4-46 所示为丰田卡罗拉轿车发动机控制系统简图，图 4-47 所示为丰田卡罗拉轿车发动机电控系统部分零部件简图。

四、点火系统

点火系统通常具备下列功能：能量转换、点火触发、正时调节（点火提前角控制）、高压分电。点火系统将蓄电池的电能转换成磁能储存在线圈内，在恰当的时刻再将磁能转换成电能，并通过火花塞释放，形成电火花，点燃混合气。这一能量转换过程必须借助点火线圈和火花塞。不同点火系统的点火触发和正时调节方式不同。

点火系统是汽油机特有的系统，它的作用是利用高电压产生的火花，点燃气缸内的混合气。系统按照汽油机的工作顺序，并根据发动机及车辆的实际状况，在最佳的时刻，使火花塞两电极产生足够能量的火花，以点燃气缸内的可燃混合气。现代发动机点火系统由发动机 ECU 控制。

89

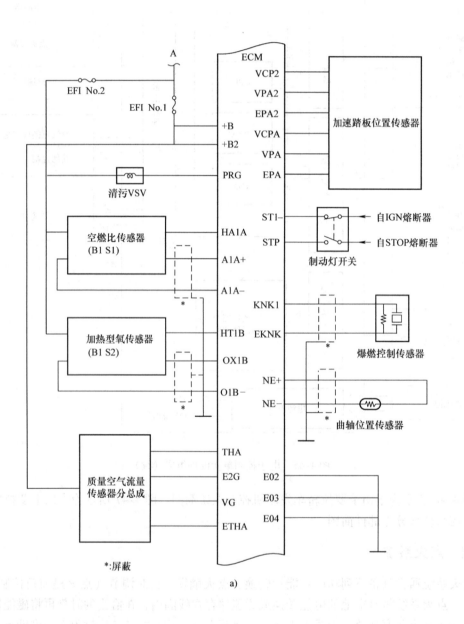

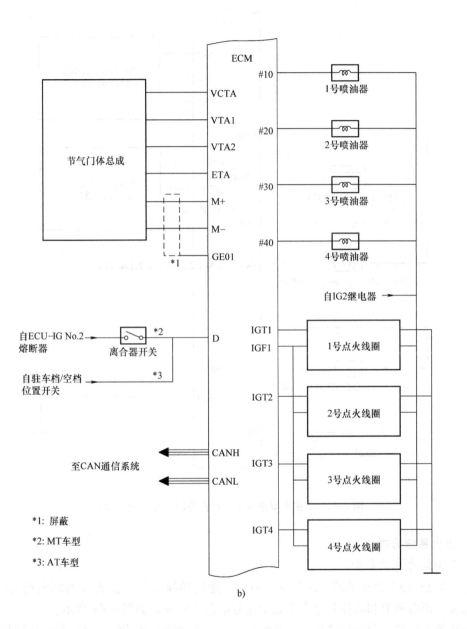

b)

发动机控制系统简图

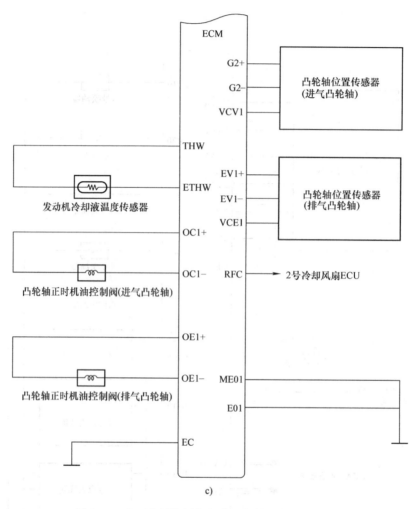

图 4-46 丰田卡罗拉轿车发动机控制系统简图（续）

1. 点火系统分类

（1）有触点点火系统

1）传统有触点点火系统。这种系统中，除能量转换工作由点火线圈和火花塞完成外，点火触发、正时调节和高压分电完全集中在分电器中完成，如图 4-48 所示。

分电器 4 的轴由曲轴通过传动机构驱动，以 1/2 曲轴转速旋转。分电器轴通过凸轮使断电器触点 6 闭合或断开。触点 6 闭合时，电流从蓄电池 1 经点火和起动开关 2 流过点火线圈 3 的初级绕组产生磁场。触点 6 一旦断开，便在点火线圈 3 的次级绕组中触发感生电动势，这一电动势通过分电器的分电臂依次使火花塞 7 放电产生火花。

为获得最佳的动力性和经济性，负荷减小或转速提高时应将点火提前角增大。传统的有触点分电器中，为控制点火提前角专门设置了真空提前和离心提前机构。

2）晶体管有触点点火系统。传统分电器的断电器触点在工作过程中不断闭合和断开，

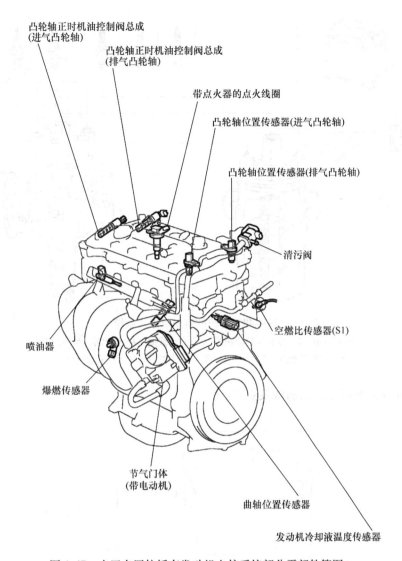

凸轮轴正时机油控制阀总成
(进气凸轮轴)

凸轮轴正时机油控制阀总成
(排气凸轮轴)

带点火器的点火线圈

凸轮轴位置传感器(进气凸轮轴)

凸轮轴位置传感器(排气凸轮轴)

清污阀

喷油器

空燃比传感器(S1)

爆燃传感器

节气门体
(带电动机)

曲轴位置传感器

发动机冷却液温度传感器

图4-47 丰田卡罗拉轿车发动机电控系统部分零部件简图

伴随着在断电器触点上有电火花产生，造成触点磨损和烧蚀。如图4-49所示，采用一个晶体管10可实现用断电器触点7上较小的电流控制初级绕组上的较大电流。断电器触点7闭合时，晶体管10导通，电流流过点火线圈5的初级绕组 L_1。断电器触点7断开时，晶体管10截止，初级电流切断，触发点火。因为流过断电器触点的只是晶体管基极电流，强度很小，所以保护了触点。这种点火系统仍依靠机械式真空提前和离心提前装置控制点火提前角。因此不能对点火提前角进行精确调整。同时，普通电子点火系统的点火提前角调整装置，不能兼顾其他因素对点火提前角的影响，也不能对爆燃进行反馈控制。在采用普通电子点火系统的汽油机中，为避免产生爆燃，点火系统所确定的实际点火提前角，通常小于最佳点火提前角，导致汽油机的潜能没有得到充分发挥。

（2）无触点点火系统

如果将图4-49中的断电器触点7代之以一个由脉冲信号发生器组成的电路，则同样能

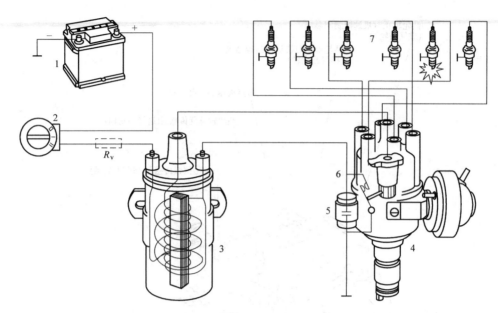

图 4-48　传统的有触点点火系统

1—蓄电池　2—点火和起动开关　3—点火线圈　4—分电器　5—电容器
6—断电器触点　7—火花塞　R_v—限流电阻（用于提高起动电压）

使晶体管 10 导通和截止，进而触发点火。

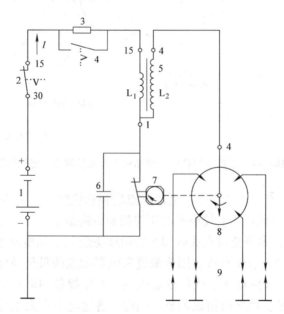

a) 不带晶体管的无触点点火系统

图 4-49　晶体管点火系统

1—蓄电池　2—点火和起动开关　3—限流电阻　4—起动升压开关　5—点火线圈　6—电容器
7—断电器触点　8—分电器　9—火花塞　10—晶体管

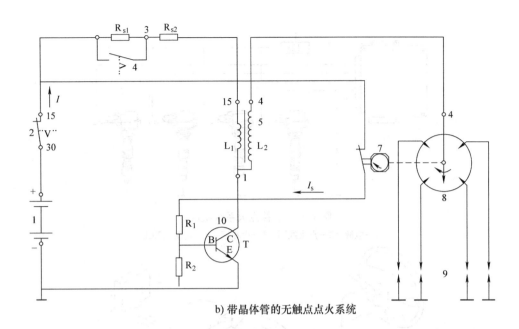

b) 带晶体管的无触点点火系统

图 4-49 晶体管点火系统（续）

1—蓄电池 2—点火和起动开关 3—限流电阻 4—起动升压开关 5—点火线圈 6—电容器
7—断电器触点 8—分电器 9—火花塞 10—晶体管

直接点火系统向火花塞提供高电压，该高电压直接来自点火线圈。如图 4-50 所示，A型是每个气缸装备一个带点火器的点火线圈，B型是每 2 个气缸共用一个带点火器的点火线圈，用高压线向气缸供应电流。图 4-51 和图 4-52 所示为电控发动机直接点火系统组成。

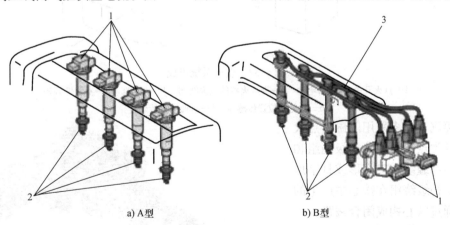

a) A型　　　　　　　　　　　　　b) B型

图 4-50 直接点火系统

1—点火线圈（带点火器） 2—火花塞 3—高压线

2. 点火线圈

点火线圈是将电源的低压电转变为高压电的基本元件，如图 4-53 所示。该组件用于提高蓄电池电压（12V）以产生点火所必须的超过 10kV 的高电压。初级绕组和次级绕组的安装位置很近。在初级绕组上间断地施加电流时，会产生互感现象，使次级绕组内产生高电压，如图 4-54 所示。点火线圈所产生的高电压，随点火线圈绕组的个数和尺寸而变。

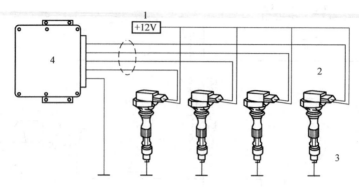

图 4-51　直接点火系统组成

1—电源　2—点火线圈　3—火花塞　4—发动机 ECU

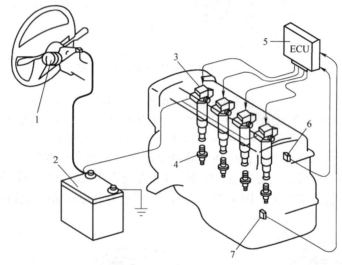

图 4-52　点火系统组成

1—点火开关　2—蓄电池　3—带点火器的点火线圈　4—火花塞　5—发动机 ECU
6—凸轮轴位置传感器　7—曲轴位置传感器

　　五菱汽车大多采用闭磁路点火线圈。这类点火线圈将初级绕组和次级绕组都缠绕在口字形或日字形铁心上。初级绕组在铁心中产生的磁通，通过铁心构成闭合磁路。

　　闭磁路点火线圈的优点是漏磁少、磁阻小，因此能量损失小，能量变换率可达 75%（开磁路点火线圈只有 60%），且结构紧凑，省去了点火线圈与配电器之间的高压导线。

图 4-53　点火线圈

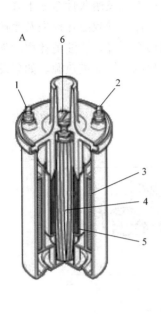

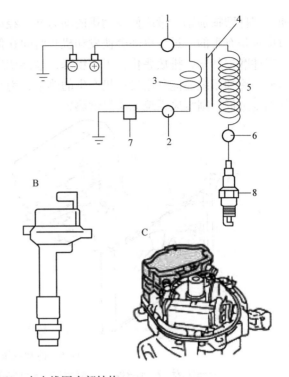

图4-54　点火线圈内部结构

A—常规型　B—DIS（直接点火系统）型　C—IIA（集成点火总成）型

1—初级端子（＋）　2—初级端子（－）　3—初级绕组　4—铁心　5—次级绕组　6—次级端子

7—点火器　8—火花塞

3. 火花塞

火花塞如图4-55所示，利用电极之间的放电现象产生火花，点燃气缸内的可燃混合气体。火花塞的性能直接影响发动机的性能。

火花塞的性能降低时，会造成燃烧变差，怠速不稳，因此需要对火花塞进行定期检测和更换。

五、冷却系统

1. 冷却系统的功用

冷却系统的功用是使发动机在所有工况下都保持在适当的温度范围内，如

图4-55　火花塞

图4-56所示。冷却系统既要防止发动机过热，也要防止发动机过冷。在发动机冷起动后，冷却系统要保证发动机迅速升温，尽快达到正常的工作温度。

在发动机工作期间，最高燃烧温度可达2500℃，即使在怠速或中等转速下，燃烧室的平均温度也在1000℃以上。因此，与高温燃气接触的发动机零件受到强烈的加热作用。这种情况下，若不进行适当冷却，则发动机会过热，工作过程会恶化，导致零件强度降低、机

油变质、零件磨损加剧，最终使发动机的动力性、经济性、可靠性及耐久性全面下降。但是冷却过度也是有害的。过度冷却会使发动机长时间在低温下工作，导致散热损失及摩擦损失增加，零件磨损加剧，排放恶化，工作粗暴，最终使发动机功率下降，燃油消耗率增加。

另外，冷却系统还能利用发动机产生的热量，为汽车的暖风系统提供热源。如果发动机的工作温度过低，则暖风系统无法提供热风。

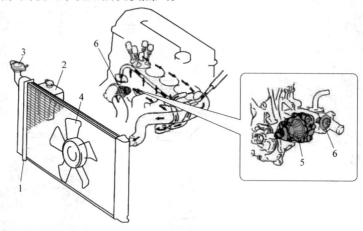

图 4-56　冷却系统

1—散热器　2—储液罐　3—散热器盖　4—冷却风扇　5—水泵　6—恒温器

2. 发动机的正常工作温度

冷却系统是发动机热量的消耗者，为使发动机正常工作，不管负荷、转速和大气温度如何变化，冷却液温度都应保持在 353～373K（80～100℃）范围内，这样才能使各受热机件处于正常的温度范围内：气缸壁 470～570K（200～300℃），气缸盖、活塞顶 573～673K（300～400℃），机油 343～363K（70～90℃）。

3. 冷却系统的组成

水冷却系统具有冷却可靠、布置紧凑、噪声低、使用方便等优点，在汽车发动机上应用最广泛。水冷却系统主要由膨胀罐、电子风扇、水泵、冷却水管、水套、节温器，以及冷却液温度监测、控制装置等组成，如图 4-57 所示。

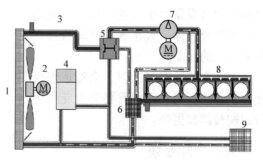

图 4-57　水冷却系统的组成

1—散热器　2—电子风扇　3—水管　4—膨胀罐
5—节温器　6—机油冷却器　7—水泵
8—缸体水道　9—暖风水箱

水冷却系统一般是由水泵强制给水（冷却液），使水（冷却液）在系统中循环流动，这称为强制循环式水冷却系统。水冷发动机的气缸盖和气缸体中都铸造有连通的用于储存冷却液的夹层空间，称为水套，其作用是让冷却液接近受热的高温零件，并可在其中循环流动。水泵将冷却液由机体外泵入并加压，使其经分水管流入发动机缸体水套，冷却液从气缸壁吸收热量，温度升高。然后流到气缸盖水套，再次吸热升温后，沿水管进入散热器内。经电子风扇的强力抽吸，空气由前向后高速流过散热器，使受热后的冷却液在流经散热器的过程中，不断地将热量散发到大气中去，使自身温度降低。冷却后的冷却液流到散热器的底部后，又在水泵的加压下，经水管再次压入水套。如此不断循环，使在高温条件下工作的发动机零件不断得到冷却，保证发动机正常工作。

通常，冷却液在冷却系统中的循环流动路线有两个，一个为大循环，另一个为小循环，如图4-58和图4-59所示。大循环指冷却液温度较高时，经过散热器进行的循环流动，小循环指冷却液温度较低时，不经过散热器进行的循环流动。冷却液是进行大循环还是小循环，由节温器来控制。

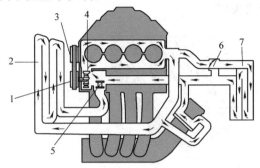 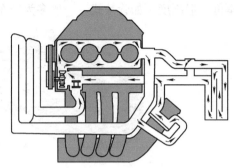

图4-58　冷却系统大循环示意　　　　　图4-59　冷却系统小循环示意

1—水泵带轮　2—散热器　3—曲轴带轮
4—水泵叶轮　5—节温器　6—控制阀
7—暖风装置的热交换器

大多数汽车都装有暖风系统。暖风机是一个热交换器，也可称作第二散热器。在装有暖风机的水冷却系统中，高温冷却液从气缸盖或机体水套经暖风机进水软管流入暖风机芯，然后经暖风机出水软管流回水泵。吹过暖风机芯的空气被冷却液加热后，一部分送到风窗玻璃除霜器处，一部分送入车厢。

（1）散热器

散热器又称水箱、热交换器，它的功用是增大散热面积，加速冷却液的冷却。冷却液经过散热器后，其温度可降低10～15℃。为使散热器的热量尽快散发出去，散热器后部装有电子风扇，其结构如图4-60所示。

散热器上水室顶部有加水口，冷却液由此注入整个冷却系统并被散热器盖盖住。上水室和下水室分别装有进水管和出水管，进水管和出水管分别用橡胶软管与气缸盖的出水管和水泵的进水管相连。散热器下部一般装有减振垫，防止散热器受振动损坏。在散热器下水室的出水管上还有放水开关，必要时可将散热器内的冷却液放掉。

散热器芯由许多冷却管和散热片组成，设置散热片是为了增加散热器芯的散热面积。散热器芯的构造形式很多，常用的有管片式和管带式两种，如图4-61所示。

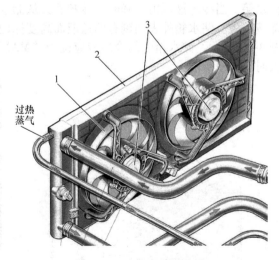

图4-60　冷却系统散热器
1—护罩　2—散热器　3—电子风扇

管片式散热器芯的冷却管断面大多为扁圆形，它连通上、下水室，是冷却液的流动通道。与圆形断面的冷却管相比，扁圆形冷却管不仅散热面积更大，在管内冷却液结冰膨胀时，还可凭借横断面变形避免破裂。此外，采用散热片还可增大散热器的刚度和强度。这种散热器芯的强度和刚度都较好，且耐高压，但制造工艺较复杂、成本高。

管带式散热器芯采用冷却管和散热带沿纵向间隔排列的方式，散热带上的缝孔可破坏空气流在散热带上形成的附面层，提高散热能力。这种散热器芯散热能力强、制造工艺简单、成本低，但刚度不如管片式，一般多为轿车发动机采用。

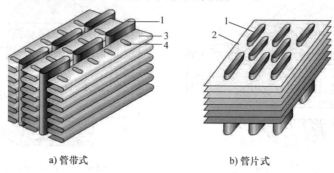

a) 管带式   b) 管片式

图 4-61 散热器芯结构
1—冷却管 2—散热片 3—散热带 4—缝孔

对散热器的要求是必须有足够的散热面积，而且所用材料导热性要好，因此散热器一般用铜或铝制成。

为减少冷却液的损失，保证冷却系统正常工作，目前一般采用散热器加储水箱的结构，如图 4-62 所示。

储水箱的上方有一根软管与大气连通，另有一根软管与散热器的溢流管相连。当散热器内的冷却液压力升高到某一值时，加压盖上的压力阀打开，冷却液通过压力阀和溢流管进入储水箱。当冷却液压力下降时，冷却液又从储水箱通过真空阀流回散热器内，这样可防止冷却液损失。储水箱外表面刻有两道液面高度标记线，液面高度应位于这两条标记线之间，如图 4-63 所示，储水箱中的冷却液应位于"MAX"与"MIN"之间，若低于"MIN"位则应及时补充冷却液。

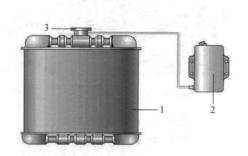

图 4-62 散热器和储水箱
1—散热器 2—储水箱 3—加压盖

图 4-63 储水箱冷却液液面高度标记

（2）电子风扇

1）功用。电子风扇的功用是提高通过散热器芯的空气流速，增强散热效果，加速冷却液的冷却。电子风扇安装在散热器后部，并与水泵同轴。电子风扇旋转时，对空气产生吸力，使其沿轴向流动。空气流由前向后通过散热器芯，使流经散热器芯的冷却液加速冷却。

2）形式。车用发动机的电子风扇有两种形式，即轴流式和离心式，如图4-64所示。轴流式风扇所产生的风的流向与风扇轴平行，离心式风扇所产生的风的流向为径向。轴流式风扇效率高、风量大、结构简单、布置方便，因此应用更广泛。

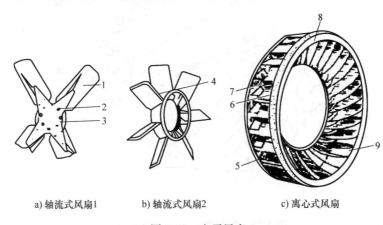

a) 轴流式风扇1　　　b) 轴流式风扇2　　　c) 离心式风扇

图4-64　电子风扇

1、6—叶片　2—铆钉　3—托板　4—翼形叶片　5—风扇导轮　7—连接板　8—加强圈　9—风扇盘

图4-64a所示的轴流式风扇由叶片、托板铆接而成，叶片由薄钢板冲压成型，横断面多为圆弧形。这种风扇也称螺旋桨式轴流风扇。为降低风扇噪声，使叶片具有良好的空气动力学性能，目前已开始大量使用具有翼形断面叶片的整体铝合金铸造，或用尼龙、聚丙烯等合成树脂注射而成的轴流式风扇，如图4-64b所示。这种风扇由2~8片叶片组成，常见的为4或5或6片。为降低叶片旋转时产生的气流噪声，叶片常制成不等距或奇数个。图4-64c所示为离心式风扇。

目前也有一些发动机的电子风扇直接由直流电动机驱动，而不是由曲轴通过传动带驱动。这种风扇只在冷却液温度达到一定值时才转动，其系统组成包括风扇电动机、风扇继电器和冷却液温度开关。低温时，冷却液温度开关闭合，继电器触点断开，风扇电动机不运转；高温时，冷却液温度开关断开，继电器触点闭合，风扇电动机驱动风扇转动，如图4-65所示。

（3）水泵

1）功用。水泵的功用是将冷却液加压，加速冷却液的循环流动，保证冷却可靠。车用发动机上多采用离心式水泵。离心式水泵具有结构简单、尺寸小、排水量大、维修方便等优点，其结构和工作原理如图4-66所示。

2）构造。离心式水泵主要由泵体、叶轮和水泵轴等组成，叶轮的叶片一般是径向或向后弯曲的，数量一般为6~9片。叶轮旋转时，水泵中的冷却液在叶轮带动下一起旋转，在离心力作用下，冷却液被甩向叶轮边缘，然后经外壳上与叶轮呈切线方向布置的出水管压送到发动机水套内。与此同时，叶轮中心处的压力降低，散热器中的冷却液经进水管吸进叶轮

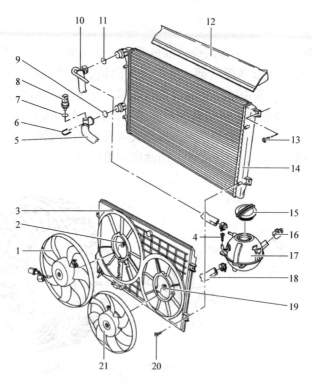

图 4-65　散热器和电子风扇装配图

1—电子风扇（V7）　2、19—螺母　3—风扇护罩　4、13、20—螺钉　5—下部冷却液软管　6—固定夹
7、9、11—O 形圈　8—散热器出口处的冷却液温度传感器 G83　10—上部冷却液软管　12—挡板　14—散热器
15—补偿罐盖　16—冷却液不足显示传感器 G32　17—补偿罐　18—冷却液软管　21—电子风扇（V177）

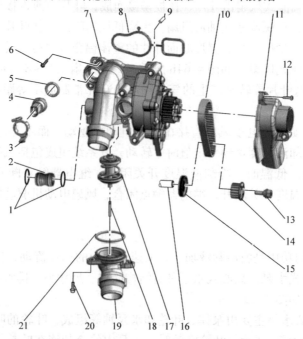

图 4-66　水泵和节温器装配图（一汽大众迈腾）

1、5、21—O 形圈　2、19—连接管件　3—固定夹　4—冷却液温度传感器　6、12、13、20—螺栓　7—水泵　8—密封垫
9—定位销　10—齿带　11—齿带盖罩　14—齿带驱动轮　15—轴密封环　16—平衡轴　17—节温器　18—定位销

中心部位。如此连续作用,使冷却液在水路中不断循环。如果水泵因故停止工作,则冷却液仍能从叶轮叶片之间流过,进行热流循环,使发动机不至于很快过热。

(4)节温器

改变通过散热器的冷却液流量。一般由节温器来控制通过散热器的冷却液流量。节温器位于发动机和散热器上水室之间的冷却液通道上。发动机处于冷态时节温器控制关闭通道,阻止冷却液经散热器循环,使发动机能很快达到正常工作温度,减少发动机磨损,提高发动机效率,降低冷车运转时的排放污染。

图4-67所示为节温器的工作原理。多数发动机都装有冷却液旁通阀,经节温器连接水套与水泵。发动机处于冷态时,节温器关闭,旁通阀使一些冷却液在缸体和缸盖水套内做小循环,促进发动机升温并防止出现局部过热。发动机升温后,经节温器的旁通阀关闭或开始限流,冷却液经散热器的大循环通道打开,全面调节发动机温度。图4-68所示为桑塔纳2000发动机节温器的工作原理,图4-69所示为一汽大众迈腾1.8TSI发动机冷却液软管连接图。

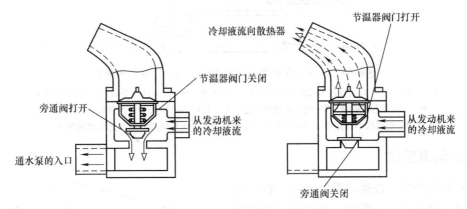

图4-67 节温器工作原理

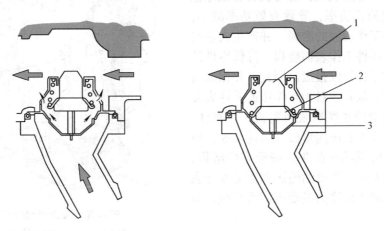

图4-68 桑塔纳2000发动机节温器工作原理

1—节温器芯 2—阀 3—阀座

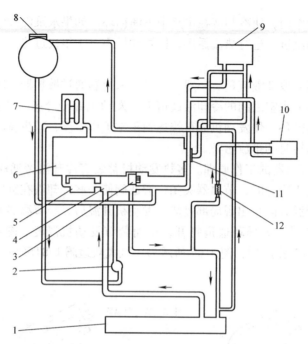

图4-69　一汽大众迈腾1.8TSI发动机冷却液软管连接图

1—散热器　2—冷却液继续循环泵（V51）　3—水泵　4—冷却液调节器　5—机油冷却器
6—气缸盖和气缸体　7—废气涡轮增压器　8—冷却液膨胀罐　9—加热装置热交换器
10—变速器油冷却器　11—冷却液管接头　12—变速器油冷却器的冷却液调节器

六、润滑系统

发动机工作时，各运动零件间存在相互作用，零件表面必然产生摩擦，而摩擦对发动机工作是有害的。主要表现：发动机要克服摩擦力和摩擦力矩消耗功率，导致有效功率减小；摩擦加速零件工作表面的磨损，并产生大量的热，可能导致零件工作表面烧损，降低零件的使用寿命，使零件很快报废。因此，要保证发动机正常工作，就必须对相互作用的零件表面进行润滑。润滑指在摩擦表面覆盖一层机油，使相互作用的零件表面间形成一层薄油膜，减小摩擦阻力，降低功率损失，减轻零件磨损，延长零件使用寿命。将机油输送到运动零件表面，实现润滑的系统称为发动机润滑系统，如图4-70所示。

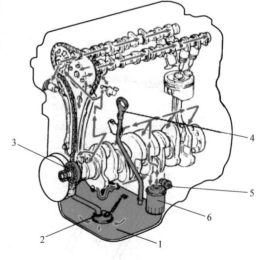

图4-70　发动机润滑系统

1—油底壳　2—机油粗滤器　3—机油泵
4—机油尺（液位尺）　5—机油压力开关
6—机油滤清器

1. 润滑系统的功用

1）润滑作用。润滑运动零件表面，减小摩擦阻力和磨损，减小发动机的功率消耗。

2）清洗作用。机油在润滑系统内不断循环，清洗摩擦表面，带走磨屑和其他异物。

3）冷却作用。机油在润滑系统内循环可带走摩擦产生的热量，起到冷却作用。

4）密封作用。在运动零件间形成油膜（例如活塞与气缸），这可提高它们的密封性，有利于防止漏气或漏油。

5）防锈蚀作用。在零件表面形成机油膜，对零件表面起保护作用，防止腐蚀生锈。

6）液压作用。机油还可用作液压油，例如在液压挺柱内。

7）减振作用。在运动零件表面形成油膜，可吸收冲击并减小振动，起减振缓冲作用。

2. 润滑方式

发动机传动件的工作条件不尽相同，因此需对负荷及相对运动速度不同的传动件采用不同的润滑方式。

1）压力润滑。压力润滑是以一定的压力把机油供入摩擦表面的润滑方式。这种方式主要用于主轴承、连杆轴承及凸轮轴轴承等负荷较大的摩擦表面的润滑。

2）飞溅润滑。利用发动机工作时运动件泼溅起来的油滴或油雾润滑摩擦表面的润滑方式。该方式主要用来润滑负荷较低的气缸壁面，以及配气机构的凸轮、挺柱、气门杆和摇臂等零件的工作表面。

3）润滑脂润滑。通过润滑脂嘴定期加注润滑脂来润滑零件的工作表面，例如水泵和发电机轴承等。

3. 润滑系统的组成及油路

（1）润滑系统的组成

现代汽车发动机的润滑系统组成基本相同，主要由油底壳、机油泵、机油滤清器、限压阀、旁通阀、油道、机油散热器、机油压力传感器、机油压力表和机油温度表等组成。如图4-71所示，油底壳4是储存机油的容器，机油泵2是建立油压，保证机油循环的装置，集滤器3、机油滤清器7是滤除机油中的机械杂质和胶质的装置。限压阀用于限制机油的最高压力，防止机油压力过高导致机油泵的功率损失增大，并防止润滑系统的密封元件、管路及散热器等遭到破坏。机油滤清器堵塞时，溢流阀1机油能由短路直接进入主油道，不影响发动机正常工作。现代发动机油道主要是由机体上加工出的一系列机油道组成的循环油路，例如主油道8和分油道9。机油压力传感器、机油压力表和机油温度表等是系统必需的安全检测设备，在整个压力润滑油路终端设置的机油压力开关是最低机油压力告警开关，动作压力为30kPa。机油散热器用于热负荷较高的发动机，可防止机油温度过高，导致机油黏度过低，

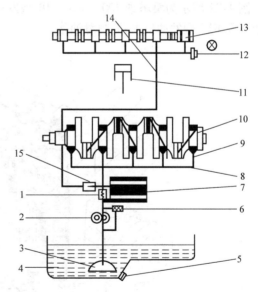

图4-71 桑塔纳2000轿车AJR型发动机润滑系统

1、6—溢流阀 2—转子式机油泵 3—集滤器

4—油底壳 5—放油塞 7—机油滤清器

8—缸体主油道 9—分油道 10—曲轴 11—活塞组

12—缸盖主油道端压力开关 13—凸轮轴

14—第四道气缸盖螺栓孔 15—机油滤清器单向阀

摩擦表面不易形成油膜，甚至机油变质。过低的机油温度虽有利于保持油膜，但会导致摩擦阻力增加，因此保持机油温度在正常范围内才有利于发动机的工作。发动机一般靠汽车行驶中的迎面空气流吹拂油底壳来使机油冷却。

桑塔纳2000轿车的AJR型发动机的压力润滑过程：机油泵在发动机的驱动下转动，产生吸力，从油底壳内吸出机油，先经集滤器的滤网去除较大的杂质，改善机油泵的工作条件。机油经机油泵增压后，若油压过高，则部分机油会经溢流阀流回机油泵入口。

正常压力的机油流入滤清器经过滤清后，一路进入主油道，经各分油道将压力机油输送到五个曲轴主轴承，再经过曲轴上的斜油孔流到各连杆轴承，并进入连杆体中的油道。随后，压力机油被进一步输送到连杆小头的活塞销轴承中，从该轴承两端被挤出后在活塞内腔飞溅，最终回到油底壳。另一路压力机油自机油滤清器流出后，通过安装在机油滤清器盖上的一个单向阀，进入机体上的一个通向缸体上平面的油道，流经缸盖上第四道气缸盖螺栓孔，进入气缸盖主油道，再由气缸分油道分别流向各凸轮轴轴承和液压挺柱。这里设一单向阀的目的是，在发动机停机时，使缸盖各油道内的压力机油不流走，保持在油道中，防止发动机再次起动时缸盖供油不足，导致液压挺柱不能正常工作。

AJR型发动机也采用飞溅润滑方式。曲轴旋转时，连杆大头会甩起机油，飞溅在气缸壁上，使活塞得到润滑。此外，曲轴主轴承、连杆轴承、活塞销轴承及凸轮轴轴承等在压力机油润滑后，会将压力机油从轴承两端挤出，一方面有压力，另一方面会碰到运动零件，因此也会起到飞溅润滑与冷却的作用。

图4-72所示为桑塔纳2000轿车AJR型发动机润滑系统油路组成，图4-73所示为上汽通用五菱B15型发动机VVT润滑油路。

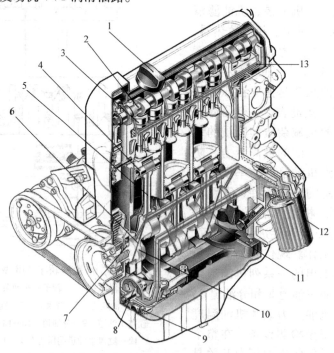

图4-72 桑塔纳2000润滑系统的组成

1—机油加注口盖 2—凸轮轴轴颈 3—液压挺柱 4—活塞销-气缸盖主油道 5—连杆油道 6—曲轴油道 7—传动带轮
8—转子式机油泵 9—机油集滤器 10—曲轴主轴颈 11—曲柄销轴颈 12—机油滤清器 13—气缸盖主油道

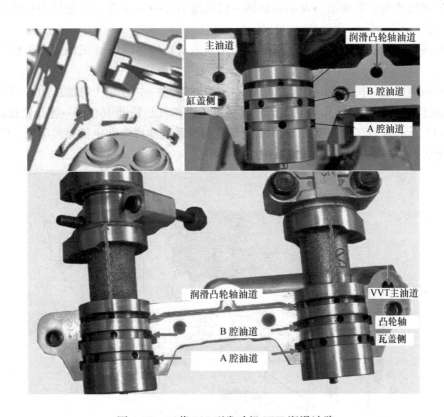

图 4-73 五菱 B15 型发动机 VVT 润滑油路

（2）润滑系统油路

图 4-74 所示为上汽通用五菱 B15 型发动机润滑系统油路。

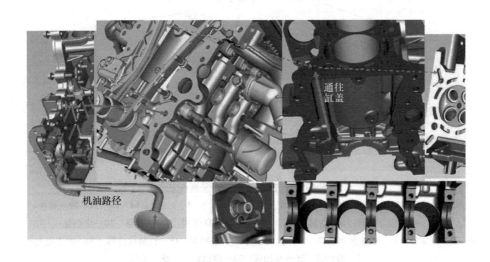

图 4-74 五菱 B15 型发动机润滑系统油路

1）机油集滤器→机油泵→发动机缸体→机油滤清器→主油道（机油压力传感器）→曲轴和连杆瓦。

2）机油集滤器→机油泵→发动机缸体→机油滤清器→主油道（机油压力传感器）→链条张紧器。

3）机油集滤器→机油泵→发动机缸体→机油滤清器→主油道（机油压力传感器）→缸体前端通往缸盖→缸盖螺栓孔→缸盖凸轮轴瓦盖→进排气凸轮轴中心孔→各凸轮轴瓦。

图4-75所示为一汽大众迈腾1.8TSI发动机润滑系统油底壳和机油泵装配图。图4-76～图4-79所示为一汽丰田卡罗拉润滑系统结构简图。

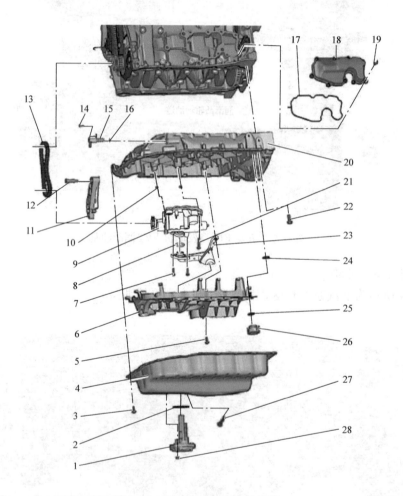

图4-75　油底壳和机油泵装配图

1—机油油位和机油温度传感器G266　2、17—密封件　3、5、7、12、14、19、21、22—螺栓
4—油底壳下部件　6—挡油板　8、16、24、25—O形圈　9—机油泵　10—定心套
11—链条张紧器　13—机油泵驱动链　15—机油压力调节阀N428　18—机油粗滤器　20—油底壳上部件
23—吸油管　26—止回阀　27—放油螺塞　28—螺母

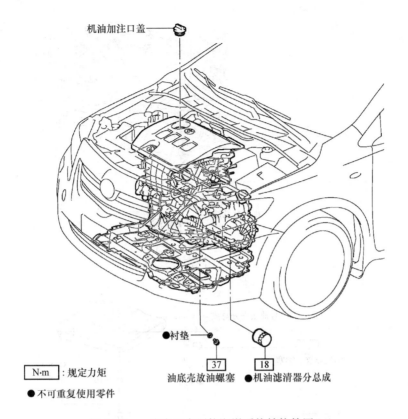

机油加注口盖

●衬垫

| N·m | ：规定力矩

●不可重复使用零件

37 油底壳放油螺塞   18 ●机油滤清器分总成

图4-76 一汽丰田卡罗拉润滑系统结构简图1

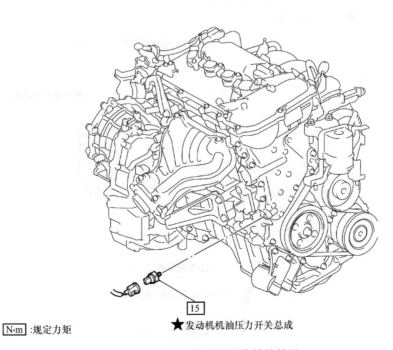

| N·m | ：规定力矩

15 ★发动机机油压力开关总成

图4-77 一汽丰田卡罗拉润滑系统结构简图2

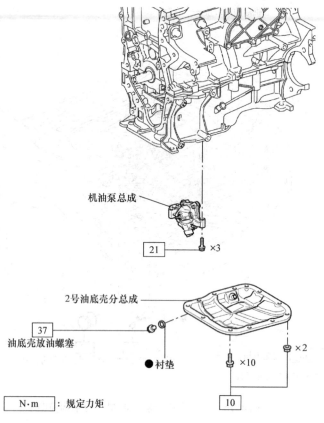

机油泵总成

21 ×3

2号油底壳分总成

37
油底壳放油螺塞

●衬垫

×2

×10

N·m : 规定力矩

10

● 不可重复使用零件

图4-78　一汽丰田卡罗拉润滑系统结构简图3

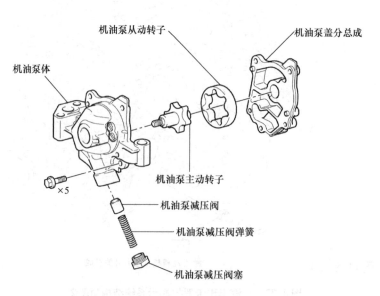

机油泵从动转子　　机油泵盖分总成

机油泵体

机油泵主动转子

×5

机油泵减压阀

机油泵减压阀弹簧

机油泵减压阀塞

图4-79　一汽丰田卡罗拉润滑系统结构简图4

110

七、起动系统

起动系统是汽车动力系统的重要组成部分，它的作用是利用起动机驱动发动机曲轴旋转，使发动机起动，如图4-80所示。

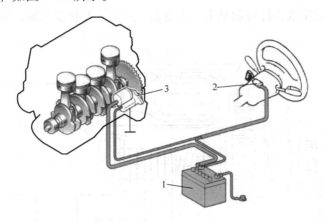

图4-80 起动系统
1—蓄电池 2—点火开关 3—起动机

1. 起动机的类型

起动机有四种类型，如图4-81所示。

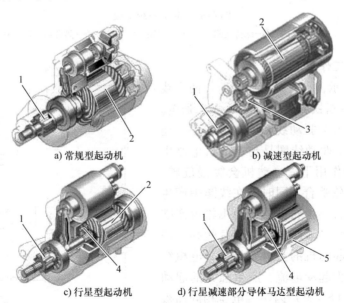

a) 常规型起动机　　　b) 减速型起动机

c) 行星型起动机　　d) 行星减速部分导体马达型起动机

图4-81 起动机类型
1—小齿轮 2—电枢 3—惰轮 4—行星轮 5—永久磁铁

1）常规型起动机。电枢和小齿轮按同种方式旋转的起动机。

2）减速型起动机。为降低电枢转速而在驱动器和驱动齿轮间布置惰轮的起动机。

3）行星型起动机。使用行星齿轮机构来降低电枢转速的起动机，它比减速型起动机更紧凑且重量轻。

4）行星减速部分导体马达型起动机。永久磁铁用于励磁线圈，电枢线圈较紧凑，整体长度较短。

2. 起动系统的组成

起动系统主要的组成部件有起动机、继电器、点火开关和蓄电池，如图 4-82 所示。

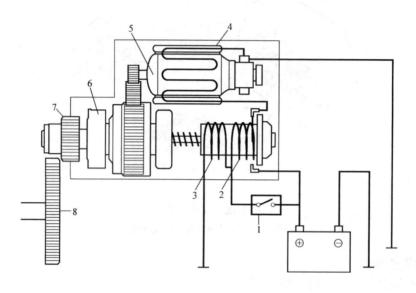

图 4-82　起动系统组成

1—点火开关　2—驱动线圈　3—保持线圈　4—励磁线圈　5—电枢　6—离合器　7—小齿轮　8—齿圈

3. 起动机的工作原理

如图 4-83 所示，点火开关闭合时，两个线圈（保持线圈 S-搭铁和驱动线圈 S-M）通电。值得注意的是，由于驱动线圈的电阻很小，通过它的电流很大。驱动线圈是与电动机电路串联的，在电流的作用下，电动机会缓慢旋转，以便小齿轮和飞轮啮合。同时，在线圈中产生的磁场吸引铁心将小齿轮推入，与飞轮齿圈啮合。此时，大负荷主触点 B 被短路片短接，即短路开关闭合，起动机的主电路接通，电枢绕组由蓄电池提供大起动电流，产生强大的起动转矩。驱动线圈（S-M）因两端电压相同而被短路，保持线圈（S-搭铁）持续将铁心吸附在指定位置。直到点火开关断开时，保持线圈（S

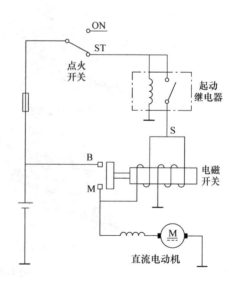

图 4-83　起动机工作原理电路图

-搭铁）和驱动线圈（S-M）由 M 端供电，此时，驱动线圈（S-M）产生的磁场与刚起动时相反，且与保持线圈（S-搭铁）的磁场相反。两个磁场作用后的力使铁心复位，主触点 B 与 M 断开。直流电动机的电路被切断，减速停止。

（1）起动发动机时

点火开关转到"START"位时，电流流入驱动线圈和保持线圈，小齿轮滑动并与飞轮齿圈啮合。同时，流过励磁线圈的电流使电动机运转，进而通过小齿轮、飞轮齿圈来驱动发动机曲轴旋转，如图4-84所示。

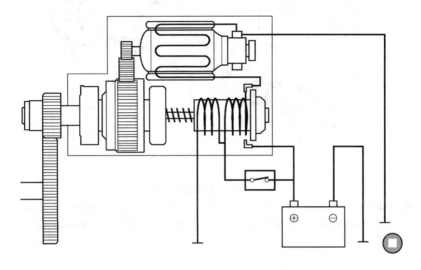

图4-84 起动发动机时起动机的工作原理

提示：发动机起动后，飞轮齿圈会驱动电枢旋转，为防止起动机在发动机带动下旋转，附带有离合器功能，电枢可防止起动机因高速转动受损。

（2）发动机起动后

点火开关从"START"位释放时，流入驱动线圈的电流方向改变，小齿轮复位。电流停止流入励磁线圈时，起动机停止运转，如图4-85所示。

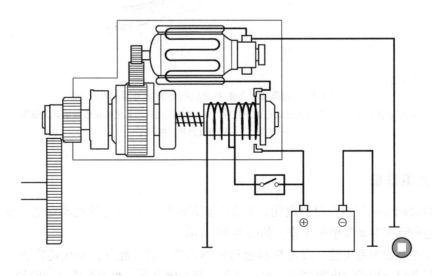

图4-85 起动发动机后起动机的工作原理

4. 起动机的构造

起动机的构造如图4-86所示，图4-87所示为迈腾1.8TSI发动机起动机的外部结构。

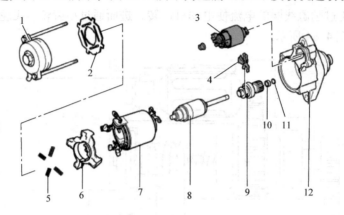

图4-86　起动机的分解

1—端盖　2—板　3—电磁起动机开关　4—驱动杆　5—弹簧　6—电刷座绝缘体　7—起动机磁轭
8—起动机电枢　9—起动机离合器　10—止动环　11—卡环　12—起动机外壳

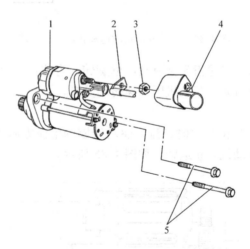

图4-87　迈腾1.8 TSI发动机起动机的外部结构

1—起动机　2—连接起动机的蓄电池正极线　3—连接起动机的蓄电池正极线的紧固螺母
4—护罩　5—起动机的紧固螺栓

八、充电系统

充电系统向各电气组件提供电能，并在车辆发动机运转时向蓄电池充电。发动机起动后，会通过传动带驱动发电机工作，如图4-88所示。

汽车充电系统由蓄电池、发电机和起动机等部件组成。此外，系统还需要一些辅助部件，例如组合仪表里的放电警告灯、起动开关、起动继电器、相关线路及熔断器。

1. 发电机工作原理

发电机工作原理如图4-89所示，发电机工作可分为三部分：

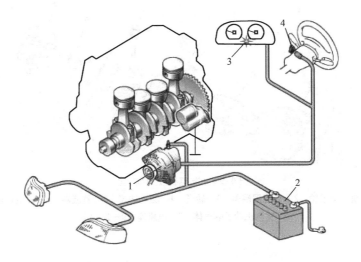

图 4-88 充电系统

1—发电机 2—蓄电池 3—放电警告灯 4—点火开关

1）发电。发动机通过传动带驱动电磁化的发电机转子旋转，同时在定子线圈中产生交流电流。

2）整流。定子线圈中产生的交流电流不能向车辆上的直流电器供电，需利用整流器将交流电流变为直流电流。

3）调节电压。集成电流调节器调节电压，使电压在发电机转速或流到各电器设备的电流发生变化时也能保持一定值。

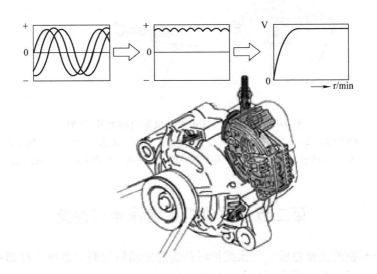

图 4-89 发电机工作原理

2. 发电机构造

发电机构造如图 4-90 所示，图 4-91 所示为迈腾 1.8 TSI 发动机发电机的外部结构。

115

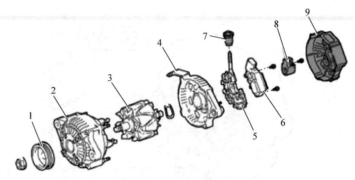

图4-90　发电机工作原理

1—发电机传动带轮　2—整流器端盖　3—转子　4—驱动端盖　5—整流器　6—发电机调节器
7—发电机端子隔离体　8—电刷座　9—后端盖

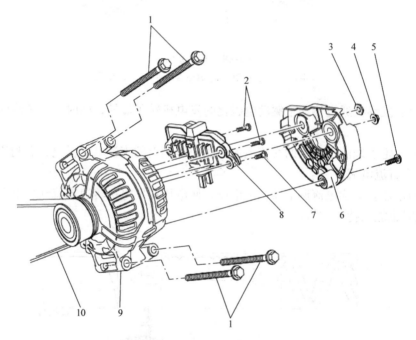

图4-91　迈腾1.8 TSI 发动机发电机的外部结构

1—六角带肩螺栓　2—十字槽螺栓　3—扁平六角螺母　4—六角螺母　5、7—带垫片十字槽螺栓
6—三相交流发电机护罩　8—电压调节器　9—三相交流发电机　10—传动带

第二节　发动机系统保养与检查

　　发动机是车辆的关键总成，每次维护时都需对发动机的润滑系统、冷却系统、进气系统、燃油系统、点火系统及外观进行保养与检查。

一、发动机外观检查项目

　　每次保养时都需对发动机的外观进行检查，及早发现问题，避免故障扩大和升级。主要检查项目包括进气管、冷却液管、燃油管、空调管、线束及相关插头等（注意管路及线束不要发生机械干涉）。

1. 发动机管路检查

检查与发动机相关的所有管路连接是否有松动，与其他管路或零件是否发生干涉。如图4-92所示，检查各连接管路是否存在泄漏及损坏情况，检查线束连接器是否存在松旷、锈蚀情况，检查橡胶软管有无破损、裂纹等情况。

图4-92　发动机管路检查

2. 油液渗漏检查

如果发动机舱内的油液渗漏，轻则可能导致发动机工作不良，重则可能导致重大事故（例如汽油泄漏），因此在进行发动机外观检查时，对各种油液的检查尤为重要。发动机舱内的油液包括机油、冷却液、变速器油和制动液等。

如图4-93所示，检查发动机各部位是否存在机油、冷却液等的泄漏或渗漏情况，并根据油液的新鲜程度判断发生上述情况的时长。

注意：发现油液泄漏需马上进行处理（尤其是燃油系统）。

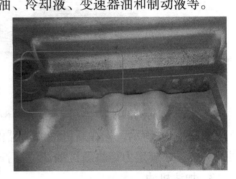

图4-93　检查发动机油液

二、润滑系统保养

当车辆达到正常保养节点，或机油颜色变为暗棕色/黑色，或机油中出现悬浮的杂质时，就需要对机油进行更换。

1. 机油排放

更换机油是最常见的车辆保养工作，更换前需要排放旧机油。

如图4-94所示，对机油加注口盖周围进行清洁后，将机油加注口盖拧下，放到工具车上。

如图4-95所示，将车辆举升到合适高度后，拧下油底壳放油螺塞，将旧机油排放到专用机油收集器中。

图4-94　拧下机油加注口盖

图4-95　排放机油

如图4-96所示，确认旧机油排净后，将放油口和放油螺塞擦净，并更换放油螺塞的垫圈。最后，用合适的工具将放油螺塞紧固到标准力矩。

2. 更换机油滤清器

机油滤清器的主要作用是过滤机油中的杂质，保证机油达到最佳的润滑效果，因此更换机油时必须进行更换机油滤清器作业。

如图4-97所示，找到机油滤清器的安装位置。清除机油滤清器周围的灰尘和碎屑。在机油滤清器下方放一个适当容量的容器，用专用扳手卸下旧机油滤清器。

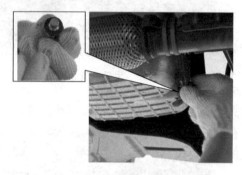
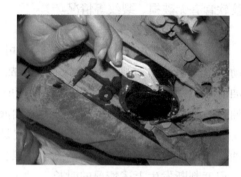

图4-96 拧紧放油螺塞 图4-97 拆卸机油滤清器

注意：取下机油滤清器后，一定要检查其安装表面，确保把旧密封圈一同取下。

如图4-98所示，先在新机油滤清器的橡胶密封圈上涂薄薄的一层干净机油。然后用专用工具按厂家规定力矩将新机油滤清器拧紧到位。

3. 加注机油

更换完机油滤清器后，需通过机油加注口向发动机内部添加新机油。如图4-99所示，将新机油注入机油加注口内。

图4-98 安装新机油滤清器 图4-99 加注机油

注意：加注机油时不要拔出机油尺，机油加注量应参考发动机及车型技术参数或规格要求。

4. 机油油位检查

过多的机油会增加发动机的运行阻力，而过少的机油会造成发动机润滑不良甚至机件损坏，因此加注新机油后还需对油量进行检查。

如图 4-100 所示，将车辆置于平整地面后，起动发动机，使其怠速运行 2~3min，同时检查油底壳放油螺塞和机油滤清器处是否有机油泄漏现象，然后熄灭发动机，并静置 3min。

如图 4-101 所示，拔出机油尺，用干净的抹布将机油尺上的机油擦净，然后将机油尺重新插入油尺管，注意一定要插到底部。

图 4-100　起动发动机

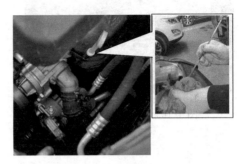

图 4-101　拔/插机油尺

如图 4-102 所示，再次拔出机油尺，检查机油油位，机油油位应处于下限标记与上限标记之间的位置，油位过高或过低都应及时进行处理。

三、冷却系统保养

发动机冷却液虽然沸点低，不易蒸发，但长时间使用也会出现耗损、变色、冰点降低或结垢等问题，因此必须定期对冷却系统进行保养。

下限位置
上限位置

图 4-102　机油油位检查

1. 冷却液液位检查

在发动机冷却系统中，冷却液的作用至关重要。如果出现冷却液泄漏情况，则可能导致发动机温度过高，甚至拉缸等严重事故。

如图 4-103 所示，冷却液液位必须保持在储液罐上的最高位标记与最低位标记之间，若发现冷却液液位过低，则应及时添加。

添加冷却液要待发动机温度降低到安全范围后进行，小心释放冷却系统压力，选用正品冷却液，添加至最高位标记处，起动发动机，使其运行至正常温度后再熄火冷却，并复查冷却液液位，必要时进行调整。

2. 冷却液冰点检查

如果冷却液冰点过高，则可能导致发动机缸体、缸盖、暖风水箱、散热器等部件冻裂。为避免此类故障，必须定期检查冷却液冰点。

如图 4-104 所示，五菱公司为经销商提供了专业的冰点检测工具，按规程使用专用冰点测试仪对冷却液冰点进行检测。

如图 4-105 所示，先清洁冰点测试仪表面的测试玻璃面板，再抽取一定量的样本液体，滴到测试玻璃面板上，最后覆盖测试仪盖玻片。

如图 4-106 所示，通过观察窗口查看分界线的位置，确认冷却液冰点。

图 4-103　冷却液液位检查

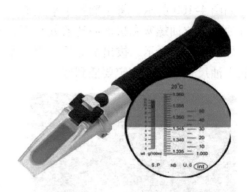

图 4-104　冷却液冰点测试仪

图 4-105　冷却液样本采集

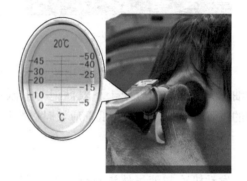

图 4-106　冷却液冰点检测

如果冷却液冰点高于环境所需的抗冻标准，则需更换冷却液。

3. 更换冷却液

如果冷却液的使用时间达到极限，或经检测发现冷却液冰点达不到运行环境要求，则需更换冷却液。

如图 4-107 所示，确保冷却液温度降低到不会对人体造成伤害的程度后，缓慢拧开储液罐密封盖，释放冷却系统压力，保证在排放冷却液时不会产生真空。

如图 4-108 所示，在散热器放液螺塞的下方放置好水盆，然后拧下放液螺塞，排净散热器中的冷却液。

图 4-107　拧开储液罐密封盖

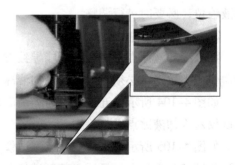

图 4-108　更换散热器内的冷却液

如图 4-109 所示，当散热器内的冷却液停止流出时，将储液罐密封盖拧紧，目的是为下一步排空冷却液做准备。

如图 4-110 所示，拆卸发动机与散热器之间的上水管。

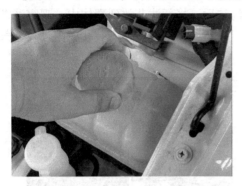

图 4-109 拧紧储液罐密封盖

图 4-110 拆卸发动机与散热器之间的上水管

如图 4-111 所示，将高压气管吹枪对准上水管连接至发动机的一端，向上水管内吹高压空气，目的是将发动机内的冷却液完全排净。当散热器排液口不再有冷却液流出时，将散热器放液螺塞拧紧，并紧固上水管。

4. 冷却液加注

如图 4-112 所示，缓慢将冷却液加注到储液罐中，直至冷却液液位与储液罐口平齐，静待 30s，若液位下降则需继续加注冷却液，直至液位可稳定保持 2min 以上时，停止加注冷却液。

图 4-111 用高压空气吹除发动机内的冷却液

图 4-112 加注冷却液

如图 4-113 所示，起动发动机，使其怠速运行，若冷却液液位有所下降，则补加至储液罐的最高位标记处。

四、进气及燃油系统保养

如果发动机进气与燃油系统出现故障，则可能导致发动机动力性能下降、油耗增加、排放不达标，甚至无法起动，因此应定期进行保养。

图 4-113 冷却液补充加注

1. 更换空气滤清器滤芯

空气滤清器的滤芯有使用寿命，如果不定期清洁或更换，则可能导致车辆加速无力、油耗增加，严重时甚至可能损坏发动机。

如图4-114所示，使用合适的工具拆卸空气滤清器外壳紧固螺栓，取出旧空气滤清器滤芯。

如图4-115所示，对空气滤清器壳体内部进行清洁后，将新滤芯放到壳体中，观察滤芯密封胶条是否到位，拧紧空气滤清器壳体紧固螺栓，并将卡扣卡到位，安装相关附件及空气连接管，起动发动机检查是否存在漏气现象。

图4-114　拆卸空滤壳　　　　　　　　　　图4-115　取出滤芯

2. 燃油滤清器更换

由于燃油系统具有一定的初始压力，在对其进行保养前，要先释放燃油系统的残余压力，否则喷溅出的压力燃油可能导致火灾。

如图4-116所示，拆卸燃油滤清器前需拆下燃油泵熔断器，起动发动机，保持怠速运转直至其自然熄火，反复操作直至无法起动，将点火开关置于OFF位。

如图4-117所示，拆卸燃油滤清器防护罩后，用干净抹布吸收溢出的燃油，按压燃油滤清器卡扣，当卡扣与滤清器油管松脱后，将旧燃油滤清器拆下。

图4-116　拆卸燃油泵熔断器　　　　　　图4-117　拆卸燃油滤清器

注意：操作时远离静电、明火等。

拆下燃油滤清器后，需检查燃油管路密封情况，若密封件破损则需更换。检查新燃油滤清器与相关配件的一致性，然后按照滤清器上的液体流动方向标记安装，如图4-118所示。

注意：安装完成后，应能听到"咔"的一声，这表明安装到位，用手向外拉动燃油管，不应与燃油滤清器脱开。

如图4-119所示，燃油滤清器安装完成后，需开启－关闭点火开关数次，以便燃油系统建立压力，同时观察燃油是否泄漏，燃油管路和燃油滤清器的连接处是否有燃油渗漏，再次确认滤清器安装安全可靠，然后起动发动机进行检查。确认无问题后，将燃油滤清器的防护罩等附件复位。

图4-118 安装燃油滤清器

图4-119 检查燃油滤清器

五、点火系统保养

点火系统的工作质量直接影响发动机的性能，因此要对发动机点火系统进行定期检查与保养。

即便在正常使用的情况下，火花塞的电极间隙也会逐渐增大，造成放电（即产生火花）困难，影响发动机的正常工作，因此需要定期检查和更换火花塞。

如图4-120所示，待发动机熄火冷却后，用合适的工具拆下发动机装饰盖及相关附件。

如图4-121所示，拆卸点火线圈及其线束插接器。

图4-120 拆下相关附件

图4-121 拆卸点火线圈

注意：拆卸点火线圈时需对其周围进行清洁。

如图4-122所示，使用合适的工具拆卸火花塞并将其取出，并用棉布将火花塞安装孔堵住，防止异物进入。

注意：拆卸火花塞前需使用高压空气或风枪对火花塞安装孔处进行清洁。

如图4-123所示，将新火花塞的接线端插入合适的橡胶管中（通常可借助原车点火线圈进行安装）。沿火花塞安装孔壁滑入火花塞，旋转橡胶软管，用手将火花塞拧紧。用紧固工具将火花塞紧固至标准力矩，最后按顺序安装相关附件。安装完成后起动发动机，检查其运转状况。

图 4-122　拆卸火花塞　　　　　　　　　　图 4-123　安装火花塞

六、发电机传动带保养

发电机传动带经过长时间使用后会出现老化或损坏，应定期检查并及时更换。

1. 检查发电机传动带

对传动带的外观及张紧度进行检查，如图 4-124 所示。发现传动带严重磨损、老化、开裂、断齿时，需要更换。

如图 4-125 所示，用 98N 的力按压传动带，新传动带的变形量为 7～11mm，旧传动带的变形量为 11～13mm。

图 4-124　检查传动带　　　　　　　　　图 4-125　传动带张紧度检查

2. 更换发电机传动带

更换传动带时，若发现张紧轮有异常，则应一并更换。

将车辆举升到合适的高度，拆卸发动机右侧下护板。用合适的扳手拧动张紧度调整螺栓，使发电机传动带松弛，并顺势将其取下，如图 4-126 所示。

如图 4-127 所示，观察新发电机传动带上的字母标记或方向标记，应与发动机曲轴旋转方向一致。

图4-126 放松传动带   图4-127 安装传动带

如图4-128所示，用合适的扳手拧动传动带张紧度调整螺栓，安装新发电机传动带。

注意：传动带平滑面与惰轮平滑面接触，传动带沟纹侧与发电机、空调压缩机棱面接触。

图4-128 传动带安装

第三节 学习成果自检

填写以下表格，检验自己的学习成果。

序号	问题	自检结果
1	发动机曲柄连杆机构如何构成，有什么作用	
2	发动机配气机构的功能及结构是怎样的	
3	五菱汽车发动机燃油供给系统的作用及组成是怎样的	
4	发动机点火系统的功能和结构是怎样的	
5	发动机冷却系统的功能及结构是怎样的	
6	发动机润滑系统的功能及组成是怎样的	
7	发动机起动系统的功能和结构是怎样的	

第四节 章 练 习 题

一、单项选择题

问题1		发动机曲柄连杆机构包括以下哪些部件？（ ）
	A	缸盖、缸体和曲轴
	B	除附件外的所有部件
	C	曲轴、连杆和活塞
	D	机体组、活塞连杆组和曲轴飞轮组

问题2		对发动机配气机构的作用，下列描述正确的选项是（ ）。
	A	配气机构根据发动机控制单元的指令分配空气
	B	适时地将新鲜的可燃混合气吸入气缸，并将燃烧后的废气从气缸内排出
	C	对进入发动机的空气进行过滤和干燥的装置
	D	指发动机的排气系统

问题3		对发动机润滑系统的作用，下列描述正确的选项是（ ）。
	A	润滑系统不仅有润滑作用，还有冷却、清洗和密封等作用
	B	润滑系统是为避免发动机产生干摩擦噪声而设置的系统
	C	五菱汽车的润滑系统使用电动机油泵来产生足够的机油压力
	D	为避免发动机起动磨损，五菱汽车能在发动机起动前进行预润滑

二、多项选择题

问题1		发动机曲柄连杆机构的作用有哪些？（ ）
	A	机体组是发动机各系统的安装基础
	B	将混合气燃烧所释放的热能转化为机械能
	C	将活塞的往复直线运动转变成曲轴的旋转运动，并对外输出动力
	D	能降低发动机运转产生的噪声

问题2		对发动机点火系统描述正确的选项是（ ）。
	A	汽油机特有的系统
	B	点火系统的作用是利用高电压产生的火花，点燃气缸内的混合气
	C	点火系统是使发动机起动的系统
	D	点火系统的工作由发动机控制单元进行控制

三、简答题

发动机冷却系统的作用及组成是什么？

_____

_____

_____

_____

四、思考与讨论

1. 发动机燃油供给系统采用电子控制方式后的变化是什么？

_____

_____

_____

2. 发动机配气机构采用带传动和链传动的优缺点各是什么？

_____

_____

_____

第五章 实训指导

第一节 发动机基础知识贴图实训

● 训练情景：某公司车主讲堂上，技术人员要向车主讲解发动机基础知识。作为车间技师，你将如何运行所学的知识完成任务？

● 训练任务

任务1：发动机的分类。

任务2：发动机基础术语。

任务3：四冲程发动机工作原理。

● 训练目标

目标1：能够正确对发动机进行分类。

目标2：能够解释常见的发动机基础术语。

目标3：能够简述四冲程发动机的工作原理。

● 训练时间：25min

● 注意事项：使用图钉等尖锐物品时，一定注意人身安全！

● 训练实施条件：B15或LJ479发动机总成、贴图板、各种卡通贴图。

任务1：发动机的分类

1. 任务说明

讲解发动机的分类方法，安排贴图活动，检验学生的掌握情况。

2. 任务准备

（1）训练物品准备

请列举进行这项任务所需的工具、设备、资料与辅料。

_____

_____

_____

（2）支持知识准备

请查阅相关资料（教材和维修手册），写出与训练任务相关的支持知识。

_____

_____

_____

_____

_____

3. 任务操作

写出操作步骤与要点。

_____

_____

_____

_____

_____

任务 2：发动机基础术语

1. 任务说明

讲解发动机的常用基础术语，安排贴图活动，检验学生的掌握情况。

2. 任务准备

（1）训练物品准备

请列举进行这项任务所需的工具、设备、资料与辅料。

_____

_____

（2）支持知识准备

请查阅相关资料（教材和维修手册），写出与训练任务相关的支持知识。

_____

_____

_____

_____

3. 任务操作

写出操作步骤与要点。

_____

_____

_____

_____

任务 3：四冲程发动机工作原理

1. 任务说明

讲解四冲程发动机的工作原理，安排贴图活动，检验学生的掌握情况。

2. 任务准备

（1）训练物品准备

请列举进行这项任务所需的工具、设备、资料与辅料。

_____

（2）支持知识准备

请查阅相关资料（教材和维修手册），写出与训练任务相关的支持知识。

_____

_____

_____

_____

3. 任务操作

写出操作步骤与要点。

_____

_____

讨论

1. 发动机分类的原则是什么？如何将发动机的属性描述清楚？

_____

_____

_____

2. 为什么汽车上大多采用往复活塞式四冲程发动机？

_____

_____

_____

_____

_____

第二节　发动机零部件系统归类实训

● 训练情景：一台 2015 款宝骏 560 的发动机正在进行大修，零件清洗后需进行系统归类。作为车间技师，你将如何完成任务？

● 训练任务

任务 1：曲柄连杆机构和配气机构归类。

任务 2：燃油系统和点火系统归类。

任务 3：冷却、润滑和起动系统归类。

● 训练目标

目标 1：能准确识别曲柄连杆机构和配气机构部件。

目标2：能准确识别燃油系统和点火系统部件。

目标3：能准确识别冷却、润滑和起动系统部件。

● 训练时间：240min

● 注意事项：零部件上需做标识和数字编号，以便管理和活动描述。

● 训练实施条件：宝骏560、LJ479QNE2发动机零件、贴图板、贴图、彩笔、卡纸、图钉。

任务1：曲柄连杆机构和配气机构归类

1. 任务说明

讲解发动机各系统，安排贴图活动，检验学生的掌握情况。

2. 任务准备

（1）训练物品准备

请列举进行这项任务所需的工具、设备、资料与辅料。

_____

_____

_____

（2）支持知识准备

请查阅相关资料（教材和维修手册），写出与训练任务相关的支持知识。

_____

_____

_____

_____

3. 任务操作

写出操作步骤与要点。

1）参与活动的学生把属于曲柄连杆机构的零部件名称记录在下方横线上，在贴图板上把属于该机构的图片一一贴出。

_____

_____

_____

2）查阅发动机维修手册，把上述曲柄连杆机构的贴图按安装顺序重新调整，然后由学生简述安装过程（虚拟场景安装），并记录在下方横线上。

第一步：_____

第二步：_____

第三步：_____

第四步：_____

第五步：_____

3）参与活动的学生把属于配气机构的零部件名称记录在下方横线上，在贴图板上把属于该机构的图片——贴出。

_____

_____

_____

4）查阅发动机维修手册，把上述配气机构的贴图按安装顺序重新调整，然后由学生简述安装过程，并记录在下方横线上。

第一步：_____

第二步：_____

第三步：_____

第四步：_____

第五步：_____

任务2：燃油系统和点火系统归类

1. 任务说明

讲解发动机各系统，安排贴图活动，检验学生的掌握情况。

2. 任务准备

（1）训练物品准备

请列举进行这项任务所需的工具、设备、资料与辅料。

_____

_____

_____

（2）支持知识准备

请查阅相关资料（教材、维修手册），写出与训练任务相关的支持知识。

_____

_____

_____

_____

3. 任务操作

写出操作步骤与要点。

1）参与活动的学生把属于燃油系统的零部件名称记录在下方横线上，在贴图板上把属于该机构的图片——贴出。

_____

_____

_____

_____

2）查阅发动机维修手册，把上述燃油系统的贴图按安装顺序重新调整，然后由学生简述安装过程（虚拟场景安装），并把正确过程记录在下方横下上。

第一步：＿＿＿＿＿＿＿＿＿＿＿＿＿＿＿＿＿＿＿＿＿＿＿＿＿＿＿＿＿＿＿

第二步：＿＿＿＿＿＿＿＿＿＿＿＿＿＿＿＿＿＿＿＿＿＿＿＿＿＿＿＿＿＿＿

第三步：＿＿＿＿＿＿＿＿＿＿＿＿＿＿＿＿＿＿＿＿＿＿＿＿＿＿＿＿＿＿＿

第四步：＿＿＿＿＿＿＿＿＿＿＿＿＿＿＿＿＿＿＿＿＿＿＿＿＿＿＿＿＿＿＿

第五步：＿＿＿＿＿＿＿＿＿＿＿＿＿＿＿＿＿＿＿＿＿＿＿＿＿＿＿＿＿＿＿

3）参与活动的学生把属于点火系统的零部件名称记录在下方横线上，在贴图板上把属于该机构的图片一一贴出。

＿＿＿＿＿＿＿＿＿＿＿＿＿＿＿＿＿＿＿＿＿＿＿＿＿＿＿＿＿＿＿＿＿＿＿＿

＿＿＿＿＿＿＿＿＿＿＿＿＿＿＿＿＿＿＿＿＿＿＿＿＿＿＿＿＿＿＿＿＿＿＿＿

＿＿＿＿＿＿＿＿＿＿＿＿＿＿＿＿＿＿＿＿＿＿＿＿＿＿＿＿＿＿＿＿＿＿＿＿

＿＿＿＿＿＿＿＿＿＿＿＿＿＿＿＿＿＿＿＿＿＿＿＿＿＿＿＿＿＿＿＿＿＿＿＿

4）查阅发动机维修手册，把上述点火系统的贴图按安装顺序重新调整，然后由学生简述安装过程，并记录在下方横线上。

第一步：＿＿＿＿＿＿＿＿＿＿＿＿＿＿＿＿＿＿＿＿＿＿＿＿＿＿＿＿＿＿＿

第二步：＿＿＿＿＿＿＿＿＿＿＿＿＿＿＿＿＿＿＿＿＿＿＿＿＿＿＿＿＿＿＿

第三步：＿＿＿＿＿＿＿＿＿＿＿＿＿＿＿＿＿＿＿＿＿＿＿＿＿＿＿＿＿＿＿

第四步：＿＿＿＿＿＿＿＿＿＿＿＿＿＿＿＿＿＿＿＿＿＿＿＿＿＿＿＿＿＿＿

第五步：＿＿＿＿＿＿＿＿＿＿＿＿＿＿＿＿＿＿＿＿＿＿＿＿＿＿＿＿＿＿＿

任务3：冷却、润滑和起动系统归类

1. 任务说明

讲解发动机各系统，安排贴图活动，检验学生的掌握情况。

2. 任务准备

（1）训练物品准备

请列举进行这项任务所需的工具、设备、资料与辅料。

＿＿＿＿＿＿＿＿＿＿＿＿＿＿＿＿＿＿＿＿＿＿＿＿＿＿＿＿＿＿＿＿＿＿＿＿

＿＿＿＿＿＿＿＿＿＿＿＿＿＿＿＿＿＿＿＿＿＿＿＿＿＿＿＿＿＿＿＿＿＿＿＿

＿＿＿＿＿＿＿＿＿＿＿＿＿＿＿＿＿＿＿＿＿＿＿＿＿＿＿＿＿＿＿＿＿＿＿＿

（2）支持知识准备

请查阅相关资料（教材和维修手册），写出与训练任务相关的支持知识。

＿＿＿＿＿＿＿＿＿＿＿＿＿＿＿＿＿＿＿＿＿＿＿＿＿＿＿＿＿＿＿＿＿＿＿＿

＿＿＿＿＿＿＿＿＿＿＿＿＿＿＿＿＿＿＿＿＿＿＿＿＿＿＿＿＿＿＿＿＿＿＿＿

＿＿＿＿＿＿＿＿＿＿＿＿＿＿＿＿＿＿＿＿＿＿＿＿＿＿＿＿＿＿＿＿＿＿＿＿

＿＿＿＿＿＿＿＿＿＿＿＿＿＿＿＿＿＿＿＿＿＿＿＿＿＿＿＿＿＿＿＿＿＿＿＿

＿＿＿＿＿＿＿＿＿＿＿＿＿＿＿＿＿＿＿＿＿＿＿＿＿＿＿＿＿＿＿＿＿＿＿＿

3. 任务操作

写出操作步骤与要点。

1）参与活动的学生把属于冷却系统的零部件名称记录在下方横线上，并在贴图板上把属于该机构的图片一一贴出。

_____

_____

_____

_____

2）查阅发动机维修手册，把上述冷却系统的贴图按安装顺序重新调整，然后由学生简述安装过程（虚拟场景安装），并记录在下方横线上。

第一步：_____

第二步：_____

第三步：_____

第四步：_____

第五步：_____

3）参与活动的学生把属于润滑系统的零部件名称记录在下方横线上，在贴图板上把属于该机构的图片一一贴出。

_____

_____

_____

_____

4）查阅发动机维修手册，把上述润滑系统的贴图按安装顺序重新调整，然后由学生简述安装过程，并记录在下方横线上。

第一步：_____

第二步：_____

第三步：_____

第四步：_____

第五步：_____

5）参与活动的学生把属于起动系统的零部件名称记录在下方横线上，并在贴图板上把属于该机构的图片一一贴出。

_____

_____

_____

_____

6）查阅发动机维修手册，把上述起动系统的贴图按安装顺序重新调整，然后由学生简述安装过程，并记录在下方横线上。

第一步：
第二步：
第三步：
第四步：
第五步：

讨论

与其他车系相比，在五菱汽车实际维修过程中，两大机构、五大系统的拆装方法是否一致？如果不一致，则应如何操作？

第六章 实训操作认证样题

第一节 发动机类型识别测试

技师姓名	
单位名称	
成绩（总100分）	
训练时间	30min
操作内容	对发动机类型进行判断
考核方向	考核技师对各类型发动机进行区分和判断的能力
工具设备	各发动机实物（若无实物，则提供贴图）
故障现象	无
故障设置	无

教师评分标准

项目	要点说明	得分	备注
燃料类型区分	通过观察发动机（贴图等资料）判断其所用的燃料类型，5分		
发动机工作行程	通过观察发动机（贴图等资料）判断其所处行程，10分		
发动机冷却方式	指出风冷发动机，5分		
	指出水冷发动机，5分		
气缸布局分类	指出直列气缸发动机，5分		
	指出V型气缸发动机，5分		
	指出水平对置气缸发动机，5分		
发动机术语测试	在发动机上（图片中）找到上止点，10分		
	在发动机上（图片中）找到下止点，10分		
	画出发动机排量示意图，10分		
	画出发动机压缩示意图，10分		
工作原理描述	在发动机上（图片中）描述四冲程发动机工作过程，20分		

第二节 发动机系统知识测试

技师姓名	
单位名称	
成绩（总100分）	
训练时间	30min
操作内容	发动机各系统功能、组成知识测试
考核方向	技师对发动机各系统知识掌握程度
工具设备	维修手册1本 抹布 发动机配件图册
故障现象	无
故障设置	无

教师评分标准

项目	要点说明	得分	备注
曲柄连杆机构测试	从已拆解的发动机部件中（配件图册或贴图）选出曲柄连杆机构，并说出其作用，共15分		
配气机构测试	从已拆解的发动机部件中（配件图册或贴图）选出配气机构，并说出其作用，共15分		
燃油系统测试	从已拆解的发动机部件中（配件图册或贴图）选出燃油系统，并说出其作用，共15分		
点火系统测试	从已拆解的发动机部件中（配件图册或贴图）选出点火系统，并说出各部分的作用，共15分		
冷却系统测试	从已拆解的发动机部件中（配件图册或贴图）选出冷却系统，并说出其作用，共15分		
润滑系统测试	从已拆解的发动机部件中（配件图册或贴图）选出润滑系统，并说出其作用，共15分		
起动系统测试	从已拆解的发动机部件中（配件图册或贴图）选出起动系统，并说出其作用，共10分		

第七章　练习测试题

测试说明：

1）未经讲师允许不要翻阅试卷。

2）不要在试卷上做标记。

3）考试结束后将试卷交给讲师。

4）不要将试卷从考场带走。

5）本试卷共19题，答题时间30min。

一、选择题

问题1		以下对发动机排量概念的理解，正确的是（　　）。
	A	排量指气缸的工作容积
	B	是所有气缸工作容积（不包括燃烧室容积）的和
	C	活塞扫过的气缸容积
	D	排量＝缸径×活塞行程

问题2		对五菱B15发动机的描述，正确的是（　　）。
	A	直列六缸风冷汽油发动机
	B	直列四缸水冷汽油发动机
	C	水平对置四缸水冷汽油发动机
	D	V型六缸水冷汽油发动机

问题3		对五菱四冲程汽油发动机的工作原理，解释正确的是（　　）。
	A	自然吸气发动机的进气行程是靠活塞下行产生的真空把空气抽进气缸的
	B	活塞在压缩行程和做功行程扫过的容积一定相等
	C	排气行程也能输出功率和转矩
	D	做功行程中，活塞处于下止点前，发动机都在输出转矩

问题4		有关四冲程发动机飞轮作用的理解，正确的是（　　）。
	A	六缸发动机若没有飞轮将加速不良
	B	四缸发动机若没有飞轮将不能起动
	C	双缸发动机若没有飞轮将反向旋转
	D	单缸发动机需要飞轮储备足够的动能

问题5		对于发动机功率、转矩与车辆性能之间的关系，理解正确的是（　　）。
	A	发动机功率越大，转矩也越大
	B	转矩越大的发动机，油耗越高
	C	装大功率发动机的车辆一定加速快
	D	最大功率和最大转矩通常不会同时出现

问题6		对发动机压缩比的理解，正确的是（ ）。
	A	不是越高越好
	B	压缩比越高，对燃油透明度要求越高
	C	压缩比越高越有劲
	D	压缩比越高越省油

问题7		下列对发动机冷却系统的理解，正确的是（ ）。
	A	发动机缸体和缸盖上有冷却水道，因此它们也属于冷却系统
	B	冷却系统的作用是将发动机的温度控制在合理范围内
	C	有的发动机没有冷却水道，因为这类发动机不需要冷却系统
	D	发动机排气系统也能带走一部分热量，因此它也属于冷却系统

问题8		对五菱发动机曲柄连杆机构的理解，正确的是（ ）。
	A	都是全浮式活塞发动机
	B	都是半浮式活塞发动机
	C	都是往复活塞式发动机
	D	都是旋转活塞式发动机

问题9		五菱发动机连杆的材料及制造工艺通常是（ ）。
	A	涨断式瓦口连杆
	B	铸造连杆
	C	锻造连杆
	D	低碳钢铣制连杆

问题10		五菱发动机缸体的材料通常是（ ）。
	A	镁合金或球磨铸铁
	B	铝合金或灰口铸铁
	C	镁合金或灰口铸铁
	D	铝合金或球磨铸铁

问题11		对五菱发动机活塞描述正确的是（ ）。
	A	常温下截面呈严格的正圆形，活塞头部和裙部直径一样
	B	常温下截面呈椭圆形（长轴为活塞销处），活塞头部和裙部直径一样
	C	常温下截面略呈椭圆形（短轴为活塞销处），活塞头部直径略小，裙部直径略大
	D	常温下活塞销孔在活塞中线上，活塞头部直径略大，裙部直径略小

问题12		对五菱发动机曲轴描述正确的是（ ）。
	A	都是全浮式曲轴设计
	B	都是半浮式曲轴设计
	C	都是球墨铸铁精密加工而成
	D	都是锻钢精密加工而成

问题 13		对五菱发动机活塞环描述正确的是（　　　）。
	A	第一、二道环为气环，材质都是高碳钢
	B	第三道环为组合环，因此既能密封气体，也能密封机油
	C	第一、二道环为气环，结构都是锥形密封环
	D	第一、二道环为气环，主要作用是密封

问题 14		对五菱发动机配气机构描述正确的是（　　　）。
	A	大多采用中置凸轮轴式配气机构
	B	大多采用顶置凸轮轴式配气机构
	C	大多采用侧置凸轮轴式配气机构
	D	大多采用顶置三气门配气机构

问题 15		对五菱发动机配气传动机构描述正确的是（　　　）。
	A	都是链传动
	B	都是带传动
	C	都是齿轮传动
	D	既有传动链又有传动带

问题 16		下列有关发动机各系统的说法，正确的是（　　　）。
	A	空气滤清器、进气管属于配气机构
	B	燃油压力调节器属于电控装置
	C	排气系统属于燃油系统
	D	发动机控制单元属于点火系统

问题 17		对五菱发动机点火系统描述正确的是（　　　）。
	A	有的五菱发动机采用电磁点火
	B	有的五菱发动机采用压燃点火
	C	五菱发动机大多采用开磁路点火线圈
	D	五菱发动机大多采用闭磁路点火线圈

问题 18		对五菱发动机润滑系统的理解正确的是（　　　）。
	A	五菱发动机目前大多采用变排量机油泵
	B	润滑系统有润滑、冷却、清洗、密封和防锈等作用
	C	发动机 VVT 执行器使用的是调制过的恒定油压
	D	发动机起动前，能实现压力预润滑

问题 19		对五菱发动机起动系统的理解正确的是（　　　）。
	A	起动系统只包含起动机
	B	飞轮和齿圈属于曲柄连杆机构，与起动系统无关
	C	利用起动机驱动发动机曲轴旋转，使发动机起动
	D	蓄电池是电气系统的部件，与起动系统无关

二、课程测试答题卡

学生姓名＿＿＿＿＿＿＿＿＿＿＿＿＿＿＿＿＿＿　　测试成绩＿＿＿＿＿＿＿＿＿＿＿＿＿＿＿＿＿＿＿＿＿

课程名称＿＿＿＿＿＿＿＿＿＿＿＿＿＿＿＿＿＿　　测试日期＿＿＿＿＿＿＿＿＿＿＿＿＿＿＿＿＿＿＿＿＿

　　评分标准：本测试题为单项选择题，共20题，每题5分，总分100分。错选、漏选或多选均不得分。

　　请在正确答案对应的表格内打"√"。

序号	A	B	C	D
1				
2				
3				
4				
5				
6				
7				
8				
9				
10				
11				
12				
13				
14				
15				
16				
17				
18				
19				
20				

参 考 文 献

［1］陈家瑞. 汽车构造：上册 ［M］. 北京：人民交通出版社，2012.

［2］颜伏伍. 汽车发动机原理 ［M］. 北京：人民交通出版社，2007.

［3］鲁明巧. 汽车构造 ［M］. 北京：高等教育出版社，2008.

［4］陈志桓. 汽车电控技术 ［M］. 北京：高等教育出版社，2010.

［5］阳亮，谭克诚. 汽车机械基础 ［M］. 北京：机械工业出版社，2013.